KB053449

능엄경 염불원통장소초 대의강기

관정灌頂대사 집문

정공스님 강설 / 도영스님 편역

일러두기

1. 원문은 대정장大正藏 No. 311《능엄경세지염불원통장소초楞嚴經勢至念佛圓通章疏鈔》중 경전해석 이전, 대의 부분을 번역하였다.
2. 정공 큰스님의 강기는 1988년 7월 대만台灣 화장도서관華藏圖書館에서 강설한 총 26강좌 중 10강좌까지 번역하였다.
3. 들어가는 말과 부록은《대세지보살염불원통장大勢至菩薩念佛圓通章 만화경전판漫畫經典版》에서 발췌 번역하였다.

대세지보살 진영

들어가는 말

대세지보살은 누구이신가?

대세지大勢至는 「큰 세력을 얻어(得大勢)」·「크게 정진大精進」한다는 뜻입니다. 이 보살은 지혜광명으로써 일체를 두루 비추어 중생으로 하여금 위없는 힘을 얻어 삼악도를 여의게 하고, 또한 저 행을 행할 때 시방세계 일체 대지가 모두 진동하는 까닭에 「대세지」라 칭합니다.

정토종에서는 서방삼성을 예배 공양합니다. 아미타부처님은 본체를 대표하고, 관세음보살은 대자대비로 「행行」을 대표하며, 대세지보살은 지혜제일로 「해解」를 대표합니다.

《능엄경》의 경문에 따르면 대세지보살께서는 인지因地에서 염불삼매를 닦아, "염불심으로 무생법인에 들어간다(以念佛心 入無生忍)." 하셨습니다. 그래서 이 사바세계의 염불중생을 섭수하여 정토로 돌아가게 하십니다.

대세지보살께서는 능엄회상에서 말씀하시길, "시방세계 여래께서는 중생을 가엽게 생각하시길, 어머니가 자식 생각하듯 하느니라. … 만약 중생이 마음으로 부처님을 잊지 않고 기억하고 부처님을 신념에 매어둔다면 현전이나 당래에 반드시 결정코 부처님을 친견할 것이니라." 하셨습니다.

이로 인해 대세지보살께서 "육근을 모두 거두어 들여 정념을 이어가서 삼마지를 얻는 것을 제일로 삼겠나이다." 하신 법문은 후세 정토종 행자의 중요한 준칙이 되었습니다.

《십왕생아미타불국경十往生阿彌陀佛國經》에 따르면, "만약 중생이 아미타불을 염하며 극락세계에 왕생하길 발원하면 아미타부처님께서 관세음보살과 대세지보살 등 25보살을 보내어 행자를 언제 어디서든 옹호하시게 하신다." 하셨습니다.

그 상호에 관해서는 《관무량수경》의 경문에 따르면 "이 보살의 천관에는 5백 송이 보배 꽃이 있고 보배 꽃 한 송이 한 송이마다 또한 오백 보배 집이 있으며, 그 하나하나 보배 집마다 시방세계 제불의 청정 미묘한 불국토의 모습이 나타나며, 정수리에는 발두마화 같은 육계가 있고 그 가운데 보배 병이 하나 안치되어 있나니, 그 나머지 상호는 관세음보살과 대동소이 하니라." 하셨습니다.

대세지보살께서 갖추신 공덕은 한이 없나니,
아미타부처님을 보필하여 자비의 배를 운영하고

중생의 괴로움을 구하심에 바로 관자재보살과 같으며
서방극락으로 인도하심에 보현보살 십대원왕과 다르지 않다.

勢至菩薩德無疆 輔弼彌陀作慈航
救苦直同觀自在 導西不異普賢王

인을 닦음에 널리 육근 · 육진 · 육식을 사용하게 하고
과를 증득함에 모두 원통 진상을 얻도록 하시어
염불하는 사람을 거두어 정토로 돌아가게 하시니
이 은혜 영겁토록 잊을 수 없어라

修因遍用根塵識 證果俱獲圓通常
攝念佛人歸淨土 此恩永劫莫能忘

대세지보살께서 중생을 이롭게 하는
깊고 미묘한 진실한 뜻은
오로지 염불법문을 주로 삼음에 있나니,
자식이 어머니를 잊지 않고 기억하듯 세존을 잊지 않고 기억하면
직하에 부처님의 은혜를 입으리라

大勢至利生深 專主念佛法門。
如子憶母憶世尊 直下卽蒙恩。

원인된 마음과 결과인 깨달음이 서로 계합하여
곧바로 본래자리로 돌이켜 자심의 본원으로 돌아가니
도섭육근의 미묘한 법문은 논하기 어려워라.
원하옵건대 두루 법계에 유통하여지이다.

因心果覺兩相契 立刻返本還源。
都攝六根妙難論 願遍界流存。

나무서방극락세계 무변광치신 대세지보살
南無西方極樂世界 無邊光熾身 大勢至菩薩

목 차

들어가는 말, 대세지보살은 누구이신가? 4

대세지보살 염불원통장 독송과본 12

대세지보살 염불원통장 독송의 공덕과 이익 28

능엄경대세지염불원통장 소초疏鈔 상권

Ⅰ. 통서대의 通序大意 39

[제1단] 염불의 지취를 상세히 펼치다 40

1. 통서, 염불의 근본 뜻을 설명하다 40

2. 별도로 염불원통장의 말씀을 드러내다 72

3. 수승한 이익을 인취하여 수행을 권하다 89

[제2단] 경전제목을 해석하다 126

Ⅱ. 장을 열고 경문을 해석함 146

[제1문] 염불법문의 가르침을 일으킨 인연 **147**

[제2문] 장 · 승 · 교로 섭수하는 문 **176**

[제3문] 종취와 지귀의 문 **192**

[제4문] 제목 명칭의 간략한 해석 **212**

부록 1 인광대사 대세지보살 염불원통장 절록 **224**

부록 2 인광대사 십념법十念法 적요摘要 **233**

부록 3 마음을 거두는 염불법 **236**

佛教文化研究所 北京广化寺监制 佛历二五四七年七月

대세지보살 염불원통장 독송과본

절수자운浙水慈雲 관정사문灌頂沙門 속법續法 법사 집集

나무본사석가모니불 (세 번)

개 경 계

위없이 높고 깊은 미묘한 법문
백천만 겁에도 만나기 어려워라
제가 지금 듣고 보아 수지하오니
여래의 진실한 뜻 알아지이다

대불정수능엄경 대세지보살염불원통장

大佛頂首楞嚴經 大勢至菩薩念佛圓通章

당 천축사문 반자밀제 역

唐 天竺沙門 般剌密帝 譯

대세지 법왕자께서 그 뜻이 같은 52보살과 함께 하셨으니, 곧 자리에서 일어나 부처님 발에 정례하고 부처님께 아뢰었다.

大勢至法王子、與其同倫、五十二菩薩、卽從座起。頂禮佛足、而白佛言。

“제가 기억하옵건대, 과거 항하사 겁 이전에 한 부처님께서 세상에 오셨나니, 그 명호가 무량광이었습니다. 열두 분의 아미타여래께서 일 겁씩 이어오시니, 그 마지막 부처님의 명호가 초일월광이었습니다. 그 부처님께서 저에게 염불삼매를 가르쳐주시길,

我憶往昔、恒河沙劫。有佛出世、名無量光。十二如來、相繼一劫。其最後佛、名超日月光。彼佛教我、念佛三昧。

「비유컨대 한 사람은 오로지 잊지 않고 기억하고 한 사람은 오로지 잊어버려 이와 같이 두 사람이 혹 만나도 만나지 못하고, 혹 보아도 보지 못하느니라. 두 사람이 서로 잊지 않고 기억하여 두 사람의 억념이 깊어지면 이와 같이 내지 이 생에서 저 생에 이르도록 그림자가 형상을 따르듯 서로 떨어져 여의질 않느니라.

譬如有人、一專爲憶、一人專忘。如是二人、若逢不逢、或見非見。二人相憶、二憶念深。如是乃至從生至生、同於形影、不相乖異。

시방세계 여래께서 중생을 가엽게 생각하시길 어머니가 자식 생각하듯 해도 자식이 어머니로부터 도망쳐 버리면 비록 어머니가 잊지 않고 기억한들 무슨 소용 있겠는가? 자식이 어머니를 잊지 않고 기억하길 어머니가 자식을 잊지 않고 기억하듯 하면, 어머니와 자식은 여러 생이 지나도록 서로 어긋나거나 멀어지지 않느니라.

十方如來、憐念衆生。如母憶子。若子逃逝、雖憶何爲。子若憶母、如母憶時。母子歷生、不相違遠。

만약 중생이 심념으로 부처님을 잊지 않고 기억하며 부처님을 심념에 매어둔다면 현전이나 당래에 반드시 결정코 부처님을 친견하고, 부처님과 멀리 떨어지지 않아 방편을 빌리지 않아도 저절로 자심이 열릴지니라.

若衆生心、憶佛念佛。現前當來、必定見佛。去佛不遠。不假方便、自得心開。

향기에 물든 사람이 그 몸에 향기가 나듯 이와 같으면 이름을 향광장엄이라 하느니라.」 하셨습니다.

如染香人、身有香氣。此則名曰、香光莊嚴。

저는 본래 인지에서 염불심으로 무생법인에 들어갔나니, 지금 이 사바세계에서 염불인을 모두 섭수하여 서방정토로 돌아가게 하겠나이다.

我本因地、以念佛心、入無生忍。今於此界、攝念佛人、歸於淨土。

부처님께서 저에게 원통의 방법을 물으시니, 저는 달리 선택하지 않고 오로지 육근을 모두 거두어 들여 정념을 이어가서 삼마지를 얻는 것을 제일로 삼겠나이다."

佛問圓通、我無選擇。都攝六根。淨念相繼。得三摩地。斯爲第一。

《능엄경》에 이르시길, "부처님께서 아난에게 설하시되, 만약 어떤 사람이 몸으로 (소승의) 사중죄四重罪와 (대승의) 십바라이죄十波羅夷罪를 지어, 순식간에 차방세계와 타방세계의 아비지옥을 거치고, 내지 시방세계의 무간지옥을 궁진하도록 하나하나 거칠지라도 능히 일념으로 이 법문을 가져다가 말법시기에 아직 배우지 못한 자에게 열어 보일 수 있으면, 이 사람의 죄장은 일념의 순간에 응하여 사라지고, 그 받아야 할 지옥고의 인이 변하여 안락의 국토를 이루리라(佛告阿難，若復有人，身具四重十波羅夷，瞬息卽經此方他方阿鼻地獄，乃至窮盡十方無間，靡不經歷，能以一念將此法門，於末劫中開示未學，是人罪障，應念銷滅，變其所受地獄苦因，成安樂國)." 하셨다.

곧 이 장경은 성심을 다해 수지하면 죄를 녹이는 큰 용광로이자 병을 치유하는 신령한 단약이요, 마음을 닦는 첩경이자 왕생을 구하는 요술이니라. 만약 항상 수지할 수 있으면 제거하지 못할 괴로움이 없고, 베풀지 못할 즐거움이 없으며, 이루지 못할 원이 없고, 얻지 못할 과가 없다. 무릇 보고 듣는 자는 마땅히 세 번 되풀이할지라.

[일과염송법: 日誦式]

사람에는 세 부류가 있다. 첫째, 매우 한가한 사람인 경우 응당 밤낮 여섯 때 경전을 수지하고 염불하여야 한다. 둘째,

반은 한가하고 반은 바쁜 사람인 경우 응당 매일 아침 · 저녁 두 때 일심으로 수지 염불하여야 한다. 셋째, 지극히 바쁜 사람의 경우 아침 한때 마음을 전일하게 하여 수지 염불하여야 한다.

염송 수지하는 법의 경우 먼저 본사 석가모니불을 세 번 부르고, 다음으로 《대세지보살장》을 한번 염송한 후 왕생주를 세 번 염송하고, 찬불게를 한번 염송하며, 부처님 명호를 백 번 천 번 만 번 마음대로 소리 내어 부르고 보살의 명호를 각각 열 번 소리내어 부른다. 끝으로 발원 회향게를 한번 염송한다. 염송 전, 염송 후 모두 성상 앞에서 합장하고 세 번 예배한다. 불상이 없으면 경전에 대해, 허공에 대해 예배해도 된다.

이와 같이 항상 쉬지 않고 행하면 부처님께서 반드시 가엾이 여기신다. 무릇 발원은 하였지만 성취하지 못한 자는 임종시 부처님께서 성중과 함께 광명을 놓으시고 접인하여 곧장 극락세계에 태어나게 하시니, 수행자는 마땅히 믿고 발원하되 의심하지 말아야 한다.

이상은 매일 경전을 수지하고 부처님 명호를 염하는 법이다. 만약 부처님 명호만 염하는 경우 매우 한가한 경우 여섯때를 제외하고 그밖에 응당 쉬지 말고 염불한다. 반은 한가하고 반은 바쁜 경우는 응당 일을 마치고서 바로 염불한다. 지극히 바쁜 경우 응당 바쁜 와중에 틈을 내어 십념 염불한다. 이를 사바세계에서 부질없이 보내지 않음이라 한다. 한평생, 하루가 다하도록 잠시도 그만두지 않으면 곧 스스로 마음과 입으로 부처를 염하면 반드시 마음과 입으로 반드시 부처를 이룬다. 《능엄경》에 이르시길, "(닦은 바) 열 가지 행行이 부처님과 같아서 부처님의 기운을 받아 (부처님의 광명을 적셔) 여래의 종성에 들어가고 몸소 부처님의 자식이 된다(行與佛同 受佛氣分。入如來種 親為佛子)." 하셨다. 그렇지 않은가?

발일체업장근본득생정토다라니
拔一切業障根本得生淨土陀羅尼

나무아미다바야 다타가다야 다지야타
南無阿彌多婆夜 哆他伽多夜 哆地夜他

아미리도바비 아미리다 실담바비
阿彌唎都婆毗 阿彌唎哆 悉耽婆毗

아미리다 비가란제 아미리다 비가란다
阿彌唎哆 毗迦蘭帝 阿彌唎哆 毗迦蘭多

가미니 가가나 지다가리 사바하
伽彌膩 伽伽那 枳多迦利 娑婆訶

《아미타경 부사의신력전不思議神力傳》에 이르시길, "주문을 수지하는 법은 몸을 청정히 하고 입을 양치질 한 후 부처님 전에 향을 사르고 장궤 합장하여 밤낮 여섯 때 21번 염송하면 오역 정법비방 등의 죄를 소멸시킬 수 있고, 30만 번 염송하면 곧 아미타부처님을 친견할 수 있다." 하셨다. 《미타소초彌陀疏鈔》에 이르시길, "선남자 선여인이 이 주문을 염송할 수 있으면 아미타부처님께서 그 정수리에 항상 머무시며 낮밤으로 옹호하여 원친채주(怨家)로 하여금 그 편함을 얻고자 함이 없어 현세에

늘 안온함을 얻을 수 있고 임종시에 자재하게 왕생할 수 있다." 하셨다.

찬불게

아미타불 청정법신 금빛으로 찬란하고
거룩하신 상호광명 짝할이가 전혀없네
阿彌陀佛身金色 相好光明無等倫

아름다운 백호광명 수미산을 둘러있고
검고푸른 저눈빛은 사해바다 비추시며
白毫宛轉五須彌 紺目澄淸四大海

광명속에 화신불이 한량없이 많으시고
보살도를 이룬사람 또한 그지없나이다
光中化佛無數億 化菩薩衆亦無邊

중생제도 이루고자 사십팔원 세우시고
구품으로 중생들을 피안으로 이끄시네
四十八願度衆生 九品咸令登彼岸

나무서방극락세계 대자대비 아미타불

나무아미타불

(백 번 천 번 만 번 소리 내어 염한다)

아미타불

(백번 천번 만번)

나무관세음보살

나무대세지보살

나무청정대해중보살

(각각 열 번)

발원 회향게

제가 지금 아미타부처님 진실공덕인 부처님 명호를 칭념하오니, 오직 원하옵건대 자비로 불쌍히 여겨 섭수하여 주시고, 참회와 소원을 증득해 알게 하여 주시옵소서.

我今稱念阿彌陀。眞實功德佛名號。惟願慈悲哀攝受。證知懺悔及所願。

과거에 지은 모든 악업은 다 무시이래 탐진치로 말미암고

신구의를 좇아 생겨난 것이니, 저는 지금 빠짐없이 다 참회하옵나이다.

往昔所造諸惡業。皆由無始貪瞋癡。從身語意之所生、一切我今皆懺悔。

원하옵건대 제가 목숨을 마치려 할 때 일체 모든 장애를 다 제거하고 저 아미타부처님을 친견하고 즉시 안락찰토에 왕생하게 하옵소서.

願我臨欲命終時。盡除一切諸障礙。面見彼佛阿彌陀。卽得往生安樂刹。

원하옵건대 이 공덕으로 불국정토 장엄하여 위로 사중의 은혜를 갚고 아래로 삼악도의 괴로움 건너게 하옵소서. 만약 견문이 있는 이는 모두 보리심을 발하여 이번 보신이 다할 때 함께 극락국토에 태어나게 하옵소서.

願以此功德。莊嚴佛淨土。上報四重恩。下濟三途苦。若有見聞者。悉發菩提心。盡此一報身。同生極樂國。十方三世一切佛。

일체보살마하살 마하반야바라밀

(한번 염송)

[자운향엄행자慈雲香嚴行者 권수문權修文]

게송에 이르시길, “하루 무상한 죽음 찾아와야 비로소 꿈속 사람임을 아나니, 그 무엇도 가져갈 수 없지만 오직 업보만은 그 몸을 따르리라.” 하셨다. 관직 · 재산, 가옥 · 전답, 의복 · 음식 내지 처자 · 권속은 죽음이 도래하면 모두 가지고 갈 수 없는 것이다. 오직 업보만 몸을 따른다 함은 한평생 살면서 지은 탐진치 교만과 오역五逆 십악의 악업, 계정혜 보시와 오계五戒 십선의 선업은 무상한 죽음이 도래하면 빠짐없이 다 바짝 당신을 따른다는 뜻이다.

《능엄경》에 이르시길, “임종시 아직 따뜻한 감촉을 버리지 못하는 동안 일생의 선악이 한꺼번에 문득 나타난다.” 하셨다. 이에 악한 자는 바로 삼악도의 괴로운 과보를 감득하고, 선한 자는 바로 인천의 즐거운 과보를 감득한다. 만약 선한 마음에 믿음과 발원으로 염불하여 왕생을 구하면 바로 극락불토의 경계상이 나타난다.

《보현행원품》에 이르시길, “이 사람이 목숨을 마치는 마지막 찰나에 일체 모든 육근이 빠짐없이 다 흩어지면 일체의 친척 권속들이 모두 떠나고, 일체 위엄과 세력이 모두 다 물러나 잃으며, 고관대작이나 궁성 안팎과 코끼리 · 말이나 모든 탈 것과 보배나 모든 묻힌 보물 등 이와 같은 일체가 다시 따라오는 것이 없지만, 오직 이 원왕願王만은 여의지 아니하여 어느 때나 늘 앞길을 인도하여, 일찰나 중에 즉시 극락세계에 왕생하여 아미타부처님과 모든 성중을 친견하게 되리라." 하셨다. 이미 이와 같은데, 어떻게 이렇게 몸이 건강할 때 틈내어 노력하여 부지런히 닦지 않겠는가.

선도대사께서 이르시길, "비록 금은보화가 집안에 가득해도 쇠약해지고 늙고 병들어 감은 면하기 어렵도다. 그대 천만가지 쾌락 누린다 해도 무상한 죽음은 끝내 찾아오고야 말리라." 하셨다. 오직 곧장 질러가는 수행이 있으니, 아미타불 부처님 명호를 염할 뿐이라. 임종에 이르러 후회하여도 되돌릴 수 있는 일이란 없다. 모든 사람에게 받들어 권하오니, 때맞춰 닦고 부지런히 정진하라. 생사는 가장 큰 일이거늘 덧없는 세월은 빨리 가버리니, 삼가 이를 분수 밖이라 여기지 말라. 노력하고 또 노력할지라.

또한 정업淨業을 닦는 사람은 삼자량三資糧을 갖추어야 한다. 첫째는 신信으로 윤회는 가장 괴로운 일임을 믿고, 염불이 가장 미묘한 일임을 믿는다. 이 사바세계의 수행으로 도과를 이루기 어렵다고 믿는다. 저 극락세계에 태어나길 발원하고, 내지 십념에 결정코 왕생한다고 믿는다. 과보로 인천에 태어나 복이 다하면 여전히 삼악도에 떨어진다고 믿는다. 일생에 극락정토에 태어나, 영원히 퇴전하지 않고 마땅히 정각을 이룬다고 믿는다. 부처님 명호를 한번만 불러도 능히 십억겁 생사중죄가 사라진다고 믿는다. 아미타부처님께서는 염불인을 섭취하여 병 중에 보살펴주시고 목숨이 마칠 때 내영하심을 믿는다.

둘째는 원願으로 업장이 사라지길 발원하고, 온갖 괴로움이 사라지길 발원한다. 심안이 열리길 발원하고, 부처님을 친견하길 발원한다. 정업淨業이 이루어지길 발원하고, 안양(극락)국토에 태어나길 발원한다. 수기 받기를 발원하고, 중생을 제도하길 발원한다.

셋째는 행行으로 몸으로 예불하고, 입으로 칭명하며, 마음으로 관상함에 모두 전일하여 결코 산란함이 없어야 한다. 이해하여 알아 믿고 발원할 때 연꽃의 종자가 심어지고, 전일하게 염할 때 연꽃이 물 위로 솟아난다. 공功이 이루어질 때 연꽃이 허공에 피고, 의심하여 물러나는 마음이 일어나면 연꽃 또한 시든다.

이로 말미암아 낮과 밤 여섯 때 한 생각도 사바세계에 미련이 없어 무릇 일어날 때나 머물 때나, 옷을 입을 때나 식사할 때나, 말할 때나 침묵할 때나, 움직일 때나 고요히 있을 때나 일체 행함에 있어 모두 극락정토를 잊지 않는다. 목숨을 마치려할 때 이르러 응당 염불하고 발원하여 죽음을 두려워하지도 생을 탐하지도 않는다. 항상 스스로 생각하길, 나의 현재 몸은 온갖 괴로움에 번갈아 얽히고 더러운 것들이 흘러넘친다. 만약 이 몸을 버리고 극락의 연못에 의탁하면 무량한 즐거움을 받고 일은 지극히 뜻에 맞다. 이는 냄새나고 헤어진 옷을 벗고 비단 옷을 입는 것과 같다.

수많은 반연을 내려놓고 몸과 마음이 해탈하여 잠시라도 병환이 가볍든 무겁든 상관없이 곧바로 무상을 생각하고 일심으로 죽음을 기다리며, 곧 모든 사람에게 부탁하길, "모두 내 앞에 오거든 나를 위해 염불해 주시오. 세상일과 집안 인연의 길고 짧은 것을 잡스레 말하지 마시오. 거듭 스님을 청하여 자주 와서 권고 훈계하며 경전에 의지해 지시하시오. 병이 위중하여 육신을 버릴 무렵에 이르러 집안사람과 친척들에게 소리내어 울지 말고 결코 슬퍼하고 괴로워하는 소리를 내지 말게 하시오. 심신이 흐려지고 어지러우며 정념正念을 잃어버릴까 두려우면 아미타불 부처님명호를 고성으로 낭낭하게 염하시오. 기가 끊어지고 신식이 편안하게 떠나가는 모습을 지켜보고 비로소 애도하시오." 만약 이렇게 실천하는 자는 만인이 구하여 만인이 왕생하니, 반드시 의심이 없다. 그러나 장애와 난관을 만나는 자는 정념 왕생을 얻을 수 없다. 이를 테면 편풍偏風으로 말을 잃고 광란으로 마음을 잃으며, 물과 불의 난과 벼락을 맞고 독충과 짐승 · 귀신에게 잡아먹히며, 독약과 전쟁터에서 죽고 원수와 도적, 왕의 난을 겪더라도 또한 응당 미리 참회를 한다면 반드시 부처님의 보호를 받을 수 있다.

대개 염불은 여섯 가지 수승한 이익이 있다. 첫째 제불 · 보살이 호념하고 아미타부처님이 정수리에 머물러 광명을 놓으며 제천신장이 밤낮으로 명훈가피를 내려주신다. 둘째 악귀와 독약이 모두 해칠 수 없고, 삼재팔난이 모두 다 사라진다. 셋째 숙세의 업장이 얼음처럼 맑아지고 운명을 탓하는 삶에서 벗어난다. 넷째 기력이 충만해지고 모든 뜻하지 않은 병에 걸리는 일이 없다. 다섯째 길상한 꿈을 꾸고 부처님의 색상色像을 친견하며 비인非人이 그 정기를 뺏는 일이 없다. 여섯째 현세에 일체 예경을 받고 임종시 세 분 성인의 접인을 받는다.

그래서 일상에서 한 뜻으로 염불하면 바로 뜻밖의 일을 예비할 수 있음을 알라. 사람이 성에 들어가 일을 주관하면 반드시 먼저 머무는 곳을 찾아야 하고, 저녁이 되어서 어두워지면 투숙할 땅이 있어야 한다. 먼저 머무는 곳을 찾음이란 미리 정업을 닦음이고, 저녁이 되어서 어두워짐이란 수명의 끝(大限)이 도래함이며, 투숙할 땅이 있어야 함은 극락세계의 연꽃에 태어나 장애와 곤란을 맞닥뜨리지 않음이다. 이것에 의지해 마음을 쓰면 임종시 결정코 왕생극락할 수 있다. 이 또한 정토를 닦는 사람을 위해 드리는 간곡한 부탁이다.

대세지보살 염불원통장 독송의 공덕과 이익

《대불정수능엄경대세지보살염불원통장大佛頂首楞嚴經大勢至菩薩念佛圓通章》, 이는 본경의 제목으로 《능엄경》의 한 장입니다. 이 장경의 글자는 많지 않습니다. 우리는 전청前淸시대 자운慈雲관정灌頂대사의 《소초疏鈔》를 취해 이 장경을 상세히 해석할 수 있습니다. 여기에는 매우 중요한 법문이 들어 있어 우리의 해행解行에 매우 큰 도움이 될 것입니다. 우리는 적어도 경문을 외울 수 있어야 합니다. 경문은 4행에 불과하고, 다섯 번째 행 이후는 모두 주해에 속합니다. 경문 뒤에는 한 단락의 평어評語가 있습니다. 이는 매우 중요합니다.

《능엄경》에 이르시길, "부처님께서 아난에게 이르시길, 만약 어떤 사람이 몸으로 (소승의) 사중죄四重罪와 (대승의) 십바라이죄十波羅夷罪를 지어, 순식간에 차방세계와 타방세계의 아비지옥을 거치고, 내지 시방세계의 무간지옥을 궁진하도록 하나하나 거칠지라도 능히 일념으로 이 법문을 가져다가 말법시기에 아직 배우지 못한 자에게 열어 보일 수 있으면, 이 사람의 죄장은 일념의 순간에 응하여 사라지고, 그 받아야 할 지옥의 고인이 변하여 안락의 국토를 이루리라."

하셨다. 곧 이 장경은 성심을 다해 수지하면 죄를 녹이는 큰 용광로이자 병을 치유하는 신령한 단약이요, 마음을 닦는 첩경이자 왕생을 구하는 요술이니라. 만약 항상 수지할 수 있으면 제거하지 못할 괴로움이 없고, 베풀지 못할 즐거움이 없으며, 이루지 못할 원이 없고, 얻지 못할 과가 없다. 무릇 보고 듣는 자는 마땅히 세 번 되풀이할지라.

이는 이 장경의 공덕과 이익을 매우 또렷이 말씀해줍니다. 이를 염송하면 그 공덕과 이익을 진정으로 체득할 수 있습니다.

「부처님께서 아난에게 이르시길」 아난존자는 능엄회상의 당기자當機者입니다. 부처님께서는 아난존자에게 만약 어떤 사람이 몸으로 지은 죄업이 「사중四重 · 십바라이十波羅夷」를 구족한다고 말씀하십니다. 사중四重은 바로 파계破戒를 말합니다. 계경에서 말하는 네 가지 무겁고 큰 죄(重戒)는 바로 살생 · 도둑질 · 삿된 음욕 · 거짓말입니다. 이 사중죄는 계경에서는 구제할 수 없고, 참회할 수 없다고 말합니다. 이는 비구계 비구니계에서 말하는 사중계입니다.

「십바라이十波羅夷」는 보살계에서 말하는 십중계로 《범망경》의 「십중사십팔경十重四十八輕」에서 앞쪽 열 가지 중계입니다. 바로 소승계와 대승계의 중계를 모두 범한 죄입니다. 이 죄의 과보로 「순식간에 차방세계와 타방세계의 아비지옥을 거쳐야 합니다.」 이 같은 중죄의 과보는 바로 지옥입니다.

지옥의 종류는 상당이 복잡합니다. 아비지옥에서 아비는 무간

無間으로 번역됩니다. 괴로움을 받는데 중간에 끊어짐이 없어 무간지옥이라 합니다. 이는 지옥에서 가장 괴롭고 가장 무거운 과보입니다. 무간지옥에서 괴로움을 받는 시간은 너무나 깁니다. 부처님께서는 세계는 성주괴공成住壞空이 있다고 말씀하셨는데, 그 시간이 대겁大劫입니다. 이 세계가 모두 무너지면 당연히 지옥도 사라지지만, 그 죗값은 아직 다 치르지 않았습니다. 다른 세계에도 아비지옥이 있어 그쪽으로 가서 죗값을 받습니다. 이 세계는 타방입니다. 따라서 아비지옥에 떨어지면 시간이 길어 계산할 수 없습니다.

세계의 성주괴공은 1대겁입니다. 불경에서는 20소겁이 일중겁이라고 말합니다. 중겁은 바로 4개의 성주괴공이고, 4개의 중겁이 1대겁입니다. 그래서 아비지옥은 절대로 가서는 안됩니다. 《능엄경》에서는 육도의 일을 매우 상세하게 말합니다. 육도에 선도仙道를 추가하여 칠도七道를 말합니다. 칠도에서 지옥을 말하는 경문은 전체 칠도 경문의 절반을 차지합니다. 바꾸어 말하면 지옥의 상황을 특별히 상세하고 또렷하게 설명하고 있습니다. 부처님께서는 고구정녕 노파심에 우리에게 절대로 지옥의 업인을 짓지 말라고 권유하십니다. 지옥은 절대 가서는 안됩니다. 일단 간 후에는 속된 말로 영겁토록 몸을 바꾸지 못합니다. 지옥에서 다시 벗어나려면 몇 대겁을 지나야하는지 모릅니다. 장래 이 세계를 다시 이루고 전전하여 또 돌아와도 여전히 아비지옥에서 벗어나지 못합니다.

또한 「내지 시방세계 무간지옥을 궁진하도록 하나하나 거칠지라도」 시방세계는 무량무변한데, 이 세계마다 아비지옥에서 죄의 과보를 받아야만 할 정도로 그 과보가 무겁습니다. 염불은 이 무거운 죄인을 구할 수 있습니다. 그러나 일반 불자는 불법을 배워도 염불의 공덕이익을 몰라 이 법문을 경시합니다. 바로 《아미타경》에서 말씀하셨듯이 "적은 선근 · 복덕 · 인연으로는 저 불국토에 태어날 수 없습니다(不可以少善根福德因緣得生彼國)." 결국 선근복덕이 적으면 설사 염불법문을 만날지라도 믿지 않습니다. 이러면 방법이 없습니다. 그래서 「능히 일념으로 이 법문을 가져다가」 라고 말씀하십니다. 이 법문은 바로 《능엄경》 상에서 설한 대세지보살의 염불법문입니다.

「말법시기에 후학에게 열어 보일 수 있으면」에서 말겁末劫은 말법시기로 바로 우리가 사는 지금 이때입니다. 부처님께서 당시 이 말씀을 하신 것은 지금 이때 말법시기에 이 법문을 아직 배우지 못한 자에게 열어 보일 수 있다는 말입니다. 배우지 못한 자에는 두 사람이 있는데, 하나는 자신이고 하나는 다른 사람입니다. 매일 독송하고, 매일 이 법문에 따라 수행하는 것이 바로 자신에게 열어 보이는 것입니다. 이 법문을 다른 사람에게 상세히 해석하여 듣도록 하여주고, 그 법문을 수학하라고 권하는 것이 다른 사람에게 열어 보이는 것입니다.

연지蓮池대사의 말씀에 따르면 "이 법문을 아직 배우지 못한 자에게 열어 보일 수 있으면" 그 공덕 · 이익은 당장 아비지옥에 떨어질 중생을 즉시 서방극락세계로 바꾸게 할 수 있습니다. 서방극락세계에 가서 항하사처럼 많은 불보살님께 공양하는데 이렇게 공양한 공덕은 매우 큽니다! 그러나 항하사 숫자의 제불보살에게 공양한 공덕도 말법시기 이 법문을 처음 배우는 사람에게 열어 보이는 공덕에 견줄 수 없습니다. 이렇게 비교하면 실제로 말해서 이러한 공덕 · 이익이 이 정도 클 것이라고는 그 누구도 상상할 수 없습니다. 이 말은 조사의 입에서 나온 것으로 보통사람의 말이 아닙니다. 조사가 이런 말씀을 하신 것은 경전에서 하신 말씀에 근거한 것으로 자신의 편견도 자신의 집착도 아닙니다.

연지대사께서는 또 말씀하셨습니다. 이러한 "지해의 미친 흐름 속에 이 경문을 한번 보면 대아만심이 생긴다(知解狂流一見此文生大我慢)." 지해知解는 바로 평상시 불교의 교리를 연구하여 얻은 지식으로 교리를 조금 연구하여 불법을 안다고 여기고서 경문을 보면 아만심이 생겨서 더 이상 정진하려 하지 않습니다. 왜냐하면 진정으로 이해하지 못하면서 글자만 보고 대강 뜻을 짐작하기 때문입니다. 이는 중생을 이롭게 할 수 없을 뿐만 아니라, 실제로는 자신도 그르친다고 하셨습니다. 우리는 응당 부처님께서 우리에게 열어 보이신 것은 자리이타自利利他의 두 가지 뜻을 모두 갖추고 있음을 알아야 합니다. 만약 "말법시기에 열어 보인다"는 이 경문을 읽고서 다른 사람을 위해 말하기만 해도 나의 공덕 · 이익이 저절로 크다고 여기면 당신은 틀렸습니다. 그래서 여기서 「아직 배우지 못한 자에게 열어 보인다(開示未學)」는 문구는 이 단락의 경문에서 가장 중요합니다. 아직 배우지 못한 자에는 자신도 포함됩니다. 우리는 특별히 이 점에 주의하여야 합니다. 자신이 명백히 깨닫지 못하고 있는데 어떻게 다른 사람에게 열어 보일 수 있겠습니까?

그래서 그의 공덕으로 이 사람의 죄장罪障, 즉 너무나 깊은 죄장이 「(홍경하는) 일념의 순간에 응하여 즉시 사라진다」고 말씀하십니다. 죄를 소멸시킬 정도로 이렇게 큰 공덕이 있습니다. 그래서 「그 받아야 할 지옥고의 인이 변하여 안락국安樂國을 이루리라」[1] 하십니다. 여기서 안락국은 서방극락세계입니다. 이것이 바로 진정으로 업을 지닌 채 왕생하는 것(帶業往生)입니다. 우리는 이 경문에 이르러 이 장경이 진정으로 「죄를 녹이는 큰 대장간(銷罪之巨冶)」임을 알게 됩니다. 야冶는 강철을 제련하는 용광로로 어떤 물건이든 여기에 던져 넣으면 즉시 불로 녹여버립니다. 이는 죄를 소멸시키는 능력이 불가사의함을 비유한 것입

---

1) "이 사람의 죄장은 일념의 순간에 응하여 소멸하고(是人罪障應念消滅) 그 받아야 할 지옥고의 인이 변하여(變其所受地獄苦因) 안락국을 이루리라(成安樂國)" 여기서 「죄장罪障」은 가장 무겁고 가장 많은 악보를 말하고, 「응념應念」은 홍경하는 일념에 응함을 말한다. 「소멸消滅」이란 불티가 건초 더미를 불태우는 것처럼 잿더미도 남지 않는 것을 말한다. 「변기變其」 이하는 곧 죄업을 소멸시킬 뿐만 아니라 극락으로 변하여 나타나서 그 가운데 왕생함을 말한다. 무릇 일념의 미세한 공덕으로 지극한 괴로움을 여의고 극락에 태어날 수 있게 한다. 진실로 「응관법계應觀法界 일체유심一切惟心」은 지옥을 깨뜨리는 화엄의 게송이다. 그 경은 법계를 원만히 드러내고, 유심惟心을 지극히 드러낸다. 일념에 이를 수지하면 능히 무량한 아비지옥이 도처에 멸진하고, 극락정토가 당처에 발생하니 헤아리기 어렵다. 그러나 모름지기 스스로 믿어야 바야흐로 공을 이긴다. 자신의 믿음이 깊고 홀로 미묘한 이익에 못 미치니, 마음이 아프도다. _《대불정수능엄경정맥소서大佛頂首楞嚴經正脈疏序》 교광交光대사

니다! 「병을 치유하는 신령한 단약(愈病之靈丹)」, 이는 모두 비유로 말씀하신 것입니다. 죄업은 큰 병으로 구할 수 있는 약이 없는 불치병입니다. 이는 신령한 단약 한 첩으로 우리가 무시겁 이래 지은 생사의 중죄를 소멸시킬 수 있습니다. 「마음을 닦는 첩경(修心之捷徑)」, 수행은 종문에서 항상 말하는 근본으로부터 닦음입니다. 근본은 무엇입니까? 근본은 마음입니다. 「마음이 청정하면 즉 불국토도 청정하다(心淨則佛土淨)」 하셨습니다. 마음을 닦는 첩경은 바로 이 장경의 방법입니다. 「왕생하길 구하는 요술이다(求生之要術也)」, 이는 바로 서방극락세계에 태어나는 비법입니다.

정토 경론은 매우 많지만, 가장 중요한 것은 바로 《정토삼경》입니다. 현재 우리가 보는 《정토오경》에서 삼경은 부처님께서 설하신 것으로 오로지 정토만 설하고 있습니다. 곁들여 덧붙여 말씀하신 것은 《능엄경》의 〈대세지보살 염불원통장〉과 《화엄경》의 마지막 결론으로 보현보살께서 십대원왕으로 극락에 인도하여 돌아가는 〈보현행원품〉입니다. 오로지 서방극락세계만 강설하고 있는 경전에는 《무량수경》·《아미타경》·《관무량수경》으로 이를 《정토삼경》이라 합니다. 청나라 함풍咸豐년간에 위원魏源 거사는 대단히 훌륭하셨는데, 그는 다섯 종의 고역본 《무량수경》을 한 본으로 회집하였습니다. 이분은 정토를 전수專修·전홍專弘하신 거사로 《화엄경》의 마지막 일권을 정토삼경에 추가한 후에 《정토사경》이라 불렀습니다. 정토사경에는 《보현행원품普賢行願品》이 추가됩니다. 위원 거사가 이 《보현행원품》을 추가하여 정토사경이 되었습니다. 민국 초년에 정종의 대덕이신 인광대사께서 《능엄경》의 「대세지보살염불원통장」을 추가하여 오경이 되었습니다. 여러분이 정토를 제대로 닦으려면 반드시 정토오경의 유래를 알아야 합니다.

이 오경은 부처님께서 정토만 설하신 것(專說)도 있고 정토를 덧붙여 설하신 것(帶說)도 있습니다. 덧붙여 설한 것을 취하면 전설專說로 바뀝니다. 그래서 정토오경은 모두 정토를 전설한 것이라 말할 수 있습니다. 정토를 닦는 여러분께서는 이 정토오경을 모두 수행의 근거로 삼을 수 있고, 그 가운데 하나를 취하면 됩니다. 만약 번거롭지 않고 상세하게 정토를 알고 싶다면 《무량수경》을 독송하면 됩니다. 간단한 것을 좋아하고 말이 많은 것을 싫어하면 《대세지보살원통장》이 가장 간단하고 글자도 가장 적으므로 이를 채택하면 됩니다. 이 오경 중에서 자신이 원하는 대로 그 중 하나에 따라 수행하면 왕생할 수 있고, 죄를 소멸시키는 공덕도 모두 같습니다. 《대세지보살원통장》의 죄를 소멸시키는 공덕이 크다고 해서 《아미타경》은 그것과 견줄 수 없다고 말하지 마십시오. 그러면 잘못입니다. 그것은 오로지 정토만 설한 것입니다. 덧붙여 설한 것의 죄를 소멸시키는 공덕이 이 보다 크다면 정토만 설한 경전을 말할 필요가 있겠습니까? 현재 많은 사람들이 재앙을 소멸시키고자 약사불을 염하고 《약사경》을 염송하며, 죄를 소멸시키고 싶어서 《지장경》을 염송하고 '지장멸정업진언地藏滅定業眞言'을 염합니다. 그들은 아미타불을 염할 줄 모르고, 《아미타경》을 염송하고 《원통장》을 염송하면 죄를 소멸시키는 그 공덕이 결코 《지장경》과 《약사경》의 그것과 비교할 수 있는 것이 아님을 알지 못합니다.

이번에 저는 대륙에 한번 방문할 기회가 있어 정토종의 대덕이신 황념조 거사를 만났습니다. 거사께서는 현재 대륙에서 불교가 매우 큰 탄압을 받고 있지만, 과거 하련거 거사를 가까이 모신 매우 적은 수의 사람이 여전히 살아계십니다. 그분들은 모두 매우 열심히 수행하시고 정토를 전수專修하신다고 합니다. 황념조 거사께서는 이곳에 사는 서너 명의 동수께서는 병에 걸리면 잔병이든 큰 병이든 상관없이 의사의 진료를 받지 않고 약을 먹지 않는다고 하셨습니다. 그들은 오로지 《무량수경》만 염송하고 관세음보살 명호를 염하였을 뿐인데, 며칠간 염불하고서 병이 호전되었다고 합니다. 이 방법으로 병을 치료하면 영험이 대단하다고 하니, 참으로 불가사의합니다! 그래서 진정으로 청정심과 경건한 마음, 매우 깊은 신심과 원심을 지니고 염불하면 결정코 효과가 있어 의사를 찾을 필요도, 약을 먹을 필요도 없었습니다. 이에 그것이 죄를 소멸시키는 힘이 매우 크다는 것을 알 수 있습니다.

「만약 항상 수지할 수 있으면(若能常持)」, 여기서 수지受持는 바로 일과염송법(日誦式)에 설명되어 있습니다. 날마다 《대세지보살염불원통장大勢至菩薩念佛圓通章》을 전수專修하려면 이 단락의 방법으로 하면 됩니다. 그러면 효과는 「제거하지 못할 괴로움이 없고」, 「베풀지 못할 즐거움이 없으며」… 이 두 마디를 합치면 바로 이고득락離苦得樂입니다. 「이루지 못할 원願이 없고」, 여기서 원은 원망願望으로 구함이 있으면 반드시 응함이 있습니다. 계속 왕생을 구하고 계속 부처가 되길 구하면 모두 구할 수 있는데, 하물며 세상의 사소하고 보잘 것 없는 일이겠습니까? 범사에 구할 수 없는 것은 하나도 없습니다. 「얻지 못할 과果가 없다」, 서방극락세계에 왕생하길 구하여서 상품상생 왕생하여 꽃이 피어 부처님을 친견하고 싶어 하면 모두 원을 만족시킬 수 있습니다. 이 공덕과 이익이 얼마나 큰지 진정으로 이해하면 조사께서는 「무릇 보고 들은 자」, 무릇 이 경전과 이 주해서를 보고 들은 적이 있으면 다른 사람에게 이 설법을 들려주라고 권하시고, 연구할 가치가 있는지 수행해야 하는지 두세 번 되풀이해서 생각하고 행해라고 가르치십니다. 이 단락은 우리에게 수행하길 아주 간절하게 권면하는 말로 대단히 중요합니다.

능엄경대세지염불원통장 소초疏鈔 상권

소疏는 경을 주해한 것입니다. 초鈔는 소를 주해한 것으로 말하자면 주해를 주해한 것입니다. 《소疏》와 《초鈔》는 모두 관정灌頂 대사께서 지으셨습니다.

이 한 장을 해석하면 크게 세 단락으로 나뉜다. 첫째는 통서대의通序大意이고, 둘째는 개장석문開章釋文이며, 셋째는 귀명회향歸命回向이다.

釋此一章大分爲三 初通序大意 二開章釋文 三皈命回向

이는 《능엄경》의 일장으로 25원통장의 하나입니다. 이는 세 개의 대단락으로 나뉩니다. 첫째 대단락은 「통서대의通序大意」이고, 둘째는 「개장석문開章釋文」으로서 정식으로 경문을 해석하며, 셋째는 「귀명회향歸命回向」입니다.

Ⅰ. 통서대의 通序大意

「대」 이하는 둘로 나뉜다. 먼저 해석 또한 둘로 나뉜다. 처음은 총괄해서 해섭該攝[2]을 밝힌다.

大下分二。先釋又二。初總明該攝。

첫째 대단락은 두 개의 중단락으로 나뉩니다. 즉 먼저 염불의 지취를 상세히 펼치고(詳申旨趣) 다음으로 경전 제목을 해석합니다(略釋經題).

중단락도 다시 세 개의 소단락으로 나뉩니다. 첫째 통서로 염불의 종취를 설명합니다(通序念佛宗致). 둘째 별도로 염불원통장의 말씀을 드러냅니다(別顯此章所詮). 셋째 수승한 이익을 인취하여 수행을 권합니다(引取勝益勸修).

2) 모두 한데 합치는 것. 여러 가지 것을 차별적으로 보지 않고, 절대적인 하나로 통섭(統攝)하는 것.

[제1단] 염불의 지취를 상세히 펼치다(詳申旨趣)

1. 통서, 염불의 근본 뜻을 설명하다(通序念佛宗致)

서序는 서인序引으로 해설하기 전에 염불의 중요성, 염불의 공덕과 이익을 우리에게 설명하여 수학하는 흥미(興趣)를 불러일으킵니다.

1-1

크도다! 염불을 법문으로 삼아, 대승과 소승을 모두 섭수하고 이근과 둔근을 나란히 포섭하며, 사事와 이理에 원융하고 성性과 상相에 걸림이 없다.

大矣哉、念佛之爲法門也。大小並收。利鈍均攝。事理圓融。性相無礙。

대의재大矣哉라 함은 찬탄하는 말이고, 또한 발어發語의 단端이다. 염念 이하는 찬탄하는 대상(所讚)인 법이다. 첫 구는 체를 표명한다. 염불은 별別이고, 법문은 통通이다. 대大 등 사구에서는 분상分相[3]을 해석한다.

3) 절대인 하나에 뭉치지 않고, 각각 다른 것에 제각기 이유를 붙여서 상대적으로 해석하는 것

大矣哉者、能讚詞、亦是發語之端也。念下、所讚法。初句標體。念佛、別也。法門、通也。大等四句、釋相。

처음 두 구는 인人이다. 대소大小는 승乘을 기준으로, 이둔利鈍은 근根을 기준으로 해석한다. 병수並收·균섭均攝이라 함은 소승을 교화 인도하여 소승을 돌려서 대승으로 향하게 하고, 대승을 격려하여 나아가게 하며 권權을 버리고 실實로 돌아가게 함이다. 상근上根으로 하여금 삼심三心(지성심至誠心·심심深心·회향발원심回向發願心)을 원만히 발하여 곧장 무생無生에 들어가게 한다. 하근下根으로 하여금 십념으로 공을 이루고 또한 저 국토에 태어나게 한다.

初二句、人也。大小、約乘。利鈍、約根。並收均攝者、化導小乘、回小向大。勉進大乘、捨權歸實。使上根三心（一至誠心。二深心。三回向發願心。）圓發、直入無生。令下根十念成功、亦生彼國。

다음 두 구는 법法이다. 사리事理는 행行을 기준으로 성상性相은 제諦를 기준으로 한다. 원융무애圓融無礙라 함은 아주 어리석은 자(下愚)는 사事에 집착하고 이理에 미혹하며, 지혜가 적은 자(小智)는 이理에 집착하고 사事를 내버린다. 지금 곧 이와 사에 통하니, 이수理修에 의지한 즉 진제眞諦를 증득하여 자성미타自性彌陀를 보고, 사수事修에 의지한 즉 속제俗諦를 증득하여 극락상토極樂相土에 태어난다.

次二句、法也。事理、約行。性相、約諦。圓融無礙者、下愚著事而迷理。小智執理而遺事。今則通乎理事。依理修、則證眞諦、而見自性彌陀。依事修、則證俗諦。而生極樂相土。

이 단락은 총찬總讚, 찬탄입니다. 시작하는 세 글자는 찬탄입니다. 실제로 말하면 이 법문의 수승함은 실로 불가사의하여 형용할 수 없습니다. 그래서 부득이 「크도다」 하니, 이는 염불법문을 찬탄한 것입니다.

염불법문은 불법 중에서 제일법문입니다. 어떻게 제일법문인지 알 수 있습니까? 위에서 《능엄경》의 한 단락 말씀을 통해 살펴보았듯이 사중죄와 십바라이죄, 오역십악五逆十惡의 죄를 지어 즉각 지옥에 떨어지는 경우 팔만사천 법문으로는 모두 구제할 수 없지만 이 법문으로 구제할 수 있음을 알았습니다. 구제할 수 있을 뿐만 아니라 혹 아비지옥에서 아귀도로 구제하면 이는 제도인 셈입니다. 혹 축생도로 구제하고, 다시 인도로 구제하면 이는 큰 행운입니다. 이 경전의 효과는 아비지옥에서 성불할 때까지 당신을 구제합니다. 이는 어떤 법문으로도 해낼 수 없습니다. 몇 가지 대승경론에서도 중생을 괴로움에서 구제한다고 말하여 지옥에서 아귀도로 구제하는 경우도 매우 많고 인도로 구하는 경우도 적지 않다고 말합니다. 그러나 만약 그를 구제하여 삼계를 벗어나고 생사를 마치며, 부처가 되고 조사가 되게 할 수 있는지 말하라고 하면 그렇게 할 수 없습니다. 그렇게 하고 싶으면 염불의 도움을 받아야 합니다. 염불을 하지 않으면 결코 해낼 수 없습니다.

그래서 《화엄경》 마지막에 화장세계의 41위 법신대사께서는 각각 견성한 대보살들로서 그들은 성불하고 싶으면 염불하여 서방극락세계에 왕생하여야 성불할 수 있습니다. 이것이 보현보살 십대원왕이 극락으로 인도하여 돌아감입니다. 《화엄경》에서는 이르시길, "십지보살은 처음부터 끝까지 염불을 여의지 않는다." 하십니다. 십지보살은 성불을 추구합니다. 성불을 하려면 염불법문을 전수하여야 합니다. 염불법문의 수승함과 불가사의함을 알고서 찬탄하지 않을 수 없으니, 부득이 "크도다!" 찬탄하신 것입니다.

여기서 「대소大小」는 대소승을 말합니다. 대승과 소승을 모두 포괄합니다. 대소는 교教를 말합니다. 불교에서 대승과 소승이 있다 함은 교에 대해 말한 것입니다. 이둔利鈍은 사람에 대해 말한 것이고 근기에 대해 말한 것으로 이들 중생의 근성에는 이근도 있고 둔근도 있습니다. 이근利根은 대보살들처럼 근기가 예리함을 뜻합니다. 《화엄경》에서 41위 법신대사는 바로 이근입니다. 둔근鈍根이 가리키는 것은 우리 중생입니다. 우리의 업장은 매우 무거워서 이근이 아닙니다. 비록 이근이 아닐지라도 기꺼이 닦고 배우면 마찬가지로 성취하고 서방극락세계에 왕생하니, 결정코 저들 보살과 비교해도 한 수 아래가 아닙니다. 왜 아닙니까? 저들 보살이 서방극락세계에 왕생함도 이 경전에 근거하고 이 방법을 쓰기 때문입니다. 우리가 비록 지금 근기가 둔할지라도 우리도 《정토오경》에 의지하고 신원행 지명염불의 방법을 씀에는 다름이 없습니다. 그래서 서방극락세계에 가면 우리는 저들 이근의 대보살들과 동등하고 그들과 비교하여 우리는 조금도 작지 않습니다.

당신이 정말 극락세계에 왕생하면 저들 대보살께서 당신을 찬탄하십니다. 왜냐하면 그들은 모두 분명히 당신이 매우 행운이고 무척 얻기 어렵다 말할 것입니다. 우리는 다생다겁을 닦아야 이 법문을 만나고 비로소 이곳에 이르며, 당신은 시간을 낭비하지 않고 잠깐 염불하여도 왕생할 것입니다. 당신이 걷는 길은 지름길입니다. 얼마나 둘러 가는지 몰라도 성취는 같습니다. 그래서 이 법문은 불가사의합니다. 이 법문은 믿기는 어렵지만 행하기는 쉽습니다. 부처님께서는《아미타경》에서도《무량수경》에서도 거듭 믿기 어려운 법이라 말씀하십니다. 당신이 이를 믿는다면 진정으로 선근·복덕·인연이 있습니다.

이근이든 둔근이든 상관없이 구법계의 중생은 위로 등각보살에서 아래로 지옥중생에 이르기까지 모두 한 사람도 빠짐없이 제도합니다. 단지 당신이 진정으로 믿고 발원하며 이 방법에 따라 행하기만 하면 됩니다. 「**사리원융**事理圓融」, 이 일구는 사事와 이理 상에서 말한 것입니다. 원래 사事는 곧 이理이고, 이理는 곧 사事로 사事와 이理는 둘이 아닙니다. 이 일구는 뜻이 깊어 앞의 문구보다 이해하기 어렵습니다. 뒤의 일구 「**성상무애**性相無礙」는 뜻이 더 깊습니다. 「사리원융」은 바로《화엄경》에서 말하는 사무애법계 중에서 「**이사무애법계**理事無礙法界」이고,

「성상무애性相無礙」는 바로 「사사무애법계」입니다. 이것은 모두 법신대사가 증득하는 경계로 이 《소초》에서 모두 토론할 것입니다.

1-2

부처에 즉함이 그대로 마음이니 한 마음도 마음부처 아님이 없고, 마음에 즉함이 그대로 부처이니 한 부처도 부처마음 아님이 없다.

卽佛是心、無一心而非心佛。卽心是佛、無一佛而非佛心。

즉卽 이하는 두 가지 별도로 불이不二를 드러냄 중에서 먼저 심불불이心佛不二이다. 첫째 사구는 성기性起[4]를 기준으로 한다. 마음 부처는 다섯 구를 연다. 첫째 마음 바깥에 부처이고 부처 바깥에 마음이다. 둘째 마음 안에 부처이고 부처는 오직 마음이다. 셋째 마음에 즉함이 그대로 부처이고 부처에 즉함이 그대로 마음이다. 넷째 마음은 이 부처가 아니고

4) 성기性起는 성性으로부터 일어난다는 의미이며, 불과佛果의 입장에서 모든 존재의 현기現起를 설한 것이다. 성기라는 말은 60권본 《화엄경(華嚴經)》의 〈보왕여래성기품寶王如來性起品〉에서 연유한 것으로, 이 품에서 성기는 여래가如來家에 태어남, 여래의 출생出生 · 출현出現, 여래종如來種 · 여래성如來性의 시현이라는 의미를 가진다. 성기는 온 우주법계에 충만한 여래를 가리키는 것으로 볼 수 있다.

부처는 이 마음이 아니다. 다섯째 마음과 부처가 원융하여 걸림도 방해도 없다.

卽下、二別顯不二中。先心佛不二。初四句約性起。心佛、開五句。一心外佛、佛外心。二心內佛、佛唯心。三心卽是佛、佛卽是心。四心非是佛、佛非是心。五心佛圓融、無障無礙。

오교五教는 차례대로 배대하여 안다. 지금은 세 번째 구의句義를 밝힌다. 이것의 마음 부처는 전체를 두루 거두니, 마치 황금과 그릇 같다. 금으로써 그릇을 거둔다면 그릇이 달리 남는 것이 없다. 그릇으로써 금을 거둔다면 금은 다하지 않음이 없다.[5]

五敎、如次配知。今明第三句義也。此之心佛、全體遍收、如金與器。以金收器、器無所遺。以器攝金、金無不盡。

이 마음 그대로 부처이다(是心是佛). 이 일구는 《관무량수경》에서 나오는 이론을 말합니다. 《관무량수경》에서 말씀하시길, "이 마음 그대로 부처이고, 이 마음 그대로 부처가 된다(是心是佛是心作佛)."[6] 하셨습니다. 이 두 마디는 정토종 염불법문의 근거

---

5) "서로 여의지 않는다 함은 체와 상이 서로 여의지 않는 까닭이다. 마치 금과 장신구 같다. 만약 금으로써 장신구를 거둔다면, 장신구는 달리 남는 것이 없다. 장신구로써 금을 섭취한다면, 금은 다하지 않음이 없다(다 없어진다). 진실로 이문二門은 한 이치(一揆)로 전체를 두루 거둔다." 《대승기신론의기大乘起信論義記》

6) "시심작불是心作佛이라 함은 자신의 신심에 의지하여 부처님의 상호에 반연하니 마음에 부처가 되어 나타나는 것과 같다. 시심시불

일 뿐만 아니라 동시에 불법 십대 종파 무량법문 공동의 근거로 모두 이 두 마디를 벗어나지 않습니다.

불佛, 이 글자는 인도 범어에서 유래한 것으로 각오覺悟의 뜻입니다. 마음은 본래 깨달음입니다. 그래서 《기신론起信論》에서는 이를 「본각本覺」이라 하였습니다. 본각은 또한 진여・본성・제일의라 하고, 《능엄경》에서는 여래장이라 말합니다. 명칭은 매우 많으나, 사실은 모두 한 가지 일입니다. 한 가지 일인데 부처님께서 이렇게 많은 명사로 말씀하신 것은 우리에게 명사 술어에 집착하지 말고 쟁론하지 말며, 부처님께서 하신 말씀이 이 일임을 알게 한 것입니다. 부처님께서는 우리에게 "뜻에 의지하되 말에 의지하지 말라!"고 가르쳐 주셨으므로 당신이 어떤 설법을 따라 하든지 모두 맞습니다. 단지 말한 것이 이 일이기만 하면 틀리지 않습니다. 그래서 부처님께서는 어떤 일이든 갖가지 명상名相으로 형용하고 표현합니다. 부처가 바로 마음이고 마음이 바로 부처이므로 부처에 즉함이 그대로 마음입니다.

「무일심이비심불無一心而非心佛」, 《화엄경》은 이 도리에 의거하여 비로소 "일체중생은 본래 성불하였다." 말합니다. 중생에게는 마음이 있습니까? 일체중생에게는 모두 마음이 있습니다. 마음이 바로 부처입니다. 그런데 그들은 왜 부처가 아닙니까?

是心是佛이라 함은 마음속에 부처를 생각하니 부처의 몸이 자신의 심상心想에 의지하여 나타난다. 곧 이 마음이 부처이다. 이 마음을 여의고 그 밖에 다시 마음 바깥의 다른 부처는 없다." 《관경사첩소》, 선도대사

그래서 "일심이 없으면 마음부처가 아니다" 하셨습니다. 마음에는 미혹이 있고 깨침이 있습니다. 우리는 통상 불·보살을 말하고 혹은 성문·연각을 말합니다. 이는 그들이 깨친 정도가 달라서 작게 깨치면 성문·연각이라 하고, 크게 깨치면 불·보살이라 합니다. 부처님께서는 철저하게 깨달았고 구경원만하게 깨달았습니다. 미혹하면 육도범부라 합니다. 미혹한 정도가 옅으면 천인이라 하고, 깊으면 지옥 아귀라고 합니다. 그러나 그가 미혹하든 깨쳤든지 마음은 하나이지 둘이 아니어서 미혹한 것도 그것이고, 깨친 것도 여전히 그것임을 알아야 합니다. 그래서 미오불이迷悟不二라 말합니다. 하나이지 둘이 아니어야 진정으로 불법이 평등함을 체득합니다. 이러한 이론의 기초 위에 건립됩니다. 일체중생은 부처와 진정으로 평등합니다. 그래서 한 마음도 마음부처가 아님이 없습니다. 「마음에 즉함이 그대로 부처이니, 한 부처도 부처마음 아님이 없다」, 일체제불 즉 경전에서 항상 말하는 과거제불·현재제불·미래제불은 모두 한 마음을 쓰고 부처 마음을 씁니다.

이 사구는 법계연기를 말합니다. 우리는 항상 십법계를 말합니다. 이는 현재 과학·철학에서 말하면 "우주와 인생은 어디서 유래하는가?" 하는 기원의 문제입니다. 불법에서 보면 또렷하고 명백합니다. 우주와 인생은 여기서 기원합니다. 이 사구의 뜻은 깊습니다! 그러나 매우 애석하게도 고금이래로 이들 대철학가는 매우 총명하였지만 불경을 읽지 못하였습니다. 불경을 염송하여야 사건의 진상을 해결할 수 있고 이해할 수 있습니다. 그래서

《화엄경》에서 십법계 의정장엄을 말씀하십니다. 이 십법계 의정장엄이 바로 현재 우리가 말하는 우주와 인생입니다. 우주와 인생 전체는 "오직 마음이 나타난 바이고, 오직 식이 변화된 것입니다(唯心所現 唯識所變)." 심心은 본체이고, 식識은 마음의 작용입니다. 《관경》의 「시심시불是心是佛」은 본체를 말하고, 「시심작불是心作佛」은 작용을 말합니다. 나의 마음으로 부처가 될 수 있습니다. 그것은 본래 부처이므로 당연히 부처가 될 수 있고, 보살이 될 수 있으며, 성문· 연각이 될 수 있습니다. 미혹하면 범부가 될 수 있고, 천인이 될 수 있으며, 축생·아귀·지옥이 모두 될 수 있습니다. 비유하면 밤에 꿈을 꿀 때 꿈을 꿀 수 있는 것은 이 마음으로 그것이 체입니다. 날마다 밤에 꾸는 꿈은 모두 다릅니다. 그것이 작용을 일으킵니다. 작용은 수천수만 가지로 변화하고 변화하여 우주와 인생이 나옵니다. 삼라만상은 이것이 작용하여 변하여 나타난 것입니다. 그래서 이 사구는 우주와 인생의 근원을 매우 또렷하고 명백하게 말합니다.

1-3

마음을 전일하게 억념함에 불불이 모두 드러나고 부처님을 전일하게 칭념함에 마음마음 문득 드러나니, 마음 바깥에 부처가 없어 마음의 억념하는 바가 되고, 또한 부처 밖에 마음이 없어 부처의 칭념하는 바가 된다.

心一憶也、佛佛全彰。佛一稱也、心心頓顯。無有心外佛、爲心所憶。亦無佛外心、爲佛所稱。

심일心一 이하 8구는 수현修顯을 기준으로 한다. 마음을 억념함에 부처이고 부처를 칭념함에 마음이니, 모두 수덕을 밝힘이다. 마음을 억념함에 부처님이 드러남은 마음에 즉함이 그대로 부처인 까닭이다. 부처님을 칭념함에 마음이 드러남은 부처에 즉함이 그대로 마음인 까닭이다. 마음을 억념함 이외는 행함이 없나니 마음 바깥에 부처가 없는 까닭이고, 부처님을 칭념함 이외는 행함이 없나니 부처 바깥에 마음이 없는 까닭이다. 《화엄회향품華嚴回向品》에 이르시길, "지혜 바깥에 진여가 없으므로 지혜가 들어갈 바가 된다. 또한 진여 바깥에 지혜가 없어 진여를 증득할 수 있다."[7] 바로 이 뜻이다.

心一下八句、約修顯。心憶佛、佛稱心、皆明修也。心憶佛彰、心卽是佛故。佛稱心顯、佛卽是心故。無爲心憶、心外無佛故。無爲佛稱、佛外無心故。華嚴回向品云。無有智外如、爲智所入。亦無如外智、能證於如。正此義也。

7) 《화엄경華嚴經》에 이르시길, "지혜 밖에 진여가 없어 지혜가 들어가는 바가 되고, 진여 밖에 지혜가 없어 진여를 증득할 수 있나니, 즉 마음과 경계가 여여如如하여 일도에 청정하다(智外無如。爲智所入。如外無智。能證於如。則心境如如。一道淸淨)" 하셨다. 《종경록》 67권, 영명연수대사

이 8구에서는 수덕修德을 말합니다. 비록 원리상 우리가 부처라고 말하면 틀렸습니다. 부처님께서는 《화엄경》과 《원각경》에서 "일체중생은 본래 성불하였다."라고 말씀하시지만 우리는 중생으로 우리는 본래 성불하였다는 말은 이치상으로는 틀리지 않지만, 사상에서 말하면 안됩니다. 사상으로 우리는 미혹·전도 되었고 번뇌가 매우 많아서 날마다 업을 짓고 과보를 받는 이런 일을 합니다. 십법계에서 우리는 사람의 세계이지 부처의 세계가 아닙니다. 여하히 우리의 본래면목을 회복할 수 있습니까? 수행에 의지하여야 하고 수덕에 기대어야 합니다. 그래서 이 8구에서는 수덕을 말합니다.

억憶은 억념憶念입니다. 염불할 때 마음속으로 부처님을 염해야 됩니다. 입으로 염불하고 마음속에 부처님이 안 계시면 안됩니다. 아무런 효과가 없습니다. 입으로 염불하고 마음으로 동시에 부처님을 생각하면 됩니다. 마음속에 부처님이 계시면 입으로 염불하지 않아도 됩니다. 중요한 것은 마음입니다!

그래서 선도대사께서는 우리에게 전수專修의 방법을 가르쳐 주셨습니다. 즉 몸으로 전일하게 아미타부처님께 예배하고, 입으로 전일하게 아미타부처님을 칭념하여야 합니다. 억憶은 바로 마음속으로 전일하게 아미타부처님을 생각함이고, 일一은 바로 전일의 뜻입니다. 마음으로 아미타부처님을 전일하게 생각하여야 합니다. 이렇게 삼업의 행에서 가장 중요한 것은, 공부에 가장 효과가 있는 것은 반드시 부처님을 억념하는 것(憶

佛)입니다.

창彰은 또렷이 드러남입니다. 우리는 본래 부처이고, 또한 현재 마음속으로 부처를 생각하니, 어찌 성불하지 못할 리가 있겠습니까! 그래서 《무량수경》에서는 석가모니부처님께서 아미타부처님을 생각할 때 부처님의 얼굴에 광명이 평상시를 뛰어 넘어 환히 발하였습니다. 아난존자가 매우 이상하게 여겨 "저는 여러 해 동안 부처님을 모셨는데 종전에 오늘 부처님의 얼굴에 광채가 이렇게 좋았던 적은 없습니다." 말하였습니다. 이는 부처님께서 마음속으로 아미타부처님을 생각하셨기 때문입니다.

당신이 마음속으로 기쁠 때 반드시 매우 즐거운 모습이 드러납니다. 마음속이 번뇌로 꽉 차있을 때 근심 걱정에 울상을 짓게 마련입니다. 마음으로 부처를 생각하면 얼굴이 부처님과 같습니다. 그래서 탐심이 많은 사람은 그 얼굴이 아귀와 같습니다. 탐내는 마음은 아귀이고, 성내는 마음은 지옥이며, 어리석은 마음은 축생으로 한번 보면 알 수 있습니다. 얼굴을 보고 음성을 듣고 동작을 보면 당신이 내생에 어디로 갈 것인지 알 수 있습니다. 당신이 염불을 하면 대단히 자비스럽고 반드시 성불합니다. 말하자면 상은 마음을 따라 바뀝니다. 마음속으로 날마다 부처를 생각하는데 어찌 부처를 닮지 않겠습니까? 당연히 부처를 닮습니다. 날마다 보살을 생각하면 보살과 같습니다. 날마다 명성과 이익을 생각하고 돈을 생각하면 장래 과보는 귀신이 됩니다. 날마다 원수지간을 생각하면 장래에 지옥에 갑니다.

그것을 생각하지 말고 염불하는 것이 좋습니다.

칭稱은 입으로 염함입니다. 돈현頓顯은 전창全彰과 뜻이 같아서 또렷이 드러남입니다. 마지막 두 마디는 이러한 이치를 설명합니다. 염불을 하면 부처님께서 현전하시는 것은 마음이 바로 부처이기 때문입니다. 마음 바깥에 법이 없고 법 바깥에 마음이 없습니다. 마음과 법은 하나이지 둘이 아닙니다. 그래서 학불學佛에 있어 가장 중요한 것은 마음을 닦는 일입니다. 어떤 마음을 닦느냐 하면 일심을 닦습니다. 일심은 바로 청정심이고 평등심입니다. 하나이면 평등하고, 둘이면 평등하지 않습니다. 둘에는 분별이 있고, 계교가 있으며, 집착이 있습니다. 그래서 수행을 하는 사람은 일상생활에서 일을 처리하고 사람을 마주하며 사물을 접할 때 일심을 닦고 청정심·평등심을 닦습니다. 일체 순경계·역경계에서 마음을 일으키지 않고, 생각을 움직이지 않으며, 분별 집착하지 않아 일체 경계가 또렷하고 분명하도록 닦습니다. 이것을 진정한 수행이라 하고, 이것을 각覺이라 합니다. 일을 처리하고 사람을 마주하며 사물과 접촉할 때 인연에 수순하여 분별하지도 집착하지도 않으며, 마음이 청정·평등하여 변하지 않고 바깥경계의 반연에 따라 변하지 않으면 부처입니다. 이것이 진정한 성공입니다.

부처님과 대보살께서 우리가 사는 이 세상에 와서 우리에게 설법해주시고 제도하려고 사람 몸을 나타내 보이시고 인연에 수순하십니다. 능력이 있어도 인연에 따라 변하지 않으니, 이것이 부처입니다. 우리가 학불을 할 때 어디서부터 배우냐 하면 인연에 수순하면서 변하지 않음을 배웁니다. 우리의 공부는 이를 배우는 것입니다. 변하지 않음은 바로 선정이고, 인연에 수순함은 바로 지혜입니다. 선정과 지혜를 평등하게 배우면 인연에 수순하지 않을 수 없습니다. 범부의 병폐는 인연에 따라 변하는데 있습니다. 이러면 아무 쓸모가 없습니다. 인연에 수순하면서 결코 마음을 일으키지 않고 생각을 움직이지 않으며 분별 집착하지 않아야 합니다. 일체 법은 평등하고 불이不二의 법임을 배우는 것이 중요합니다. 수행은 이것을 닦는 것이고, 계정혜 삼학은 모두 여기에 있습니다. 진실로 강령을 잡아서 닦으면 번거롭지 않고 빨리 성취할 수 있습니다.

우리가 인연에 수순하면서 마음을 일으키고 생각을 움직이며 분별 집착하면 즉각 인연에 따라 변하여 업을 짓고 과보를 받습니다. 그것이 바로 육도윤회입니다. 인연에 수순하면서 변하지 않는 것은 매우 힘든 일로 말은 쉽지만 실천하기 쉽지 않습니다. 그러나 인연에 따르면서 마음을 일으키고 생각을 움직이는 즉시 아미타불로 바꾸면 쉽게 바뀝니다. 이러면 됩니다. 왜 그렇습니까? 이 한마디 아미타불이 있으면 장래에 결정코 서방극락세계에 왕생하여 그 성취가 불가사의하기 때문입니다. 이것이 제가 여러분에게 닦으라고 가르치는 총강령입니다.

이로써 이 한마디 아미타불은 일체법에서 마음을 일으키지 않고 생각을 움직이지 않으며 분별 집착하지 않는 것임을 알 수 있습니다. 마음에 생각이 일어나지 않으면 그 뿐이고, 생각이 일어나면 바로 아미타불입니다. 일체 인연에 수순하여 마음속으로 이 한마디 아미타불을 꽉 붙잡고 놓치지 않으면 됩니다. 그래서 이 한마디 아미타불은 평등법이고 청정법입니다. 시방세계 무량무변한 제불찰토의 일체 여래께서 중생을 교화하심에 모두 이 한마디 아미타불로써 중생을 교화하시므로 이는 일체중생을 널리 제도하시는 제일법문입니다. 이 한마디 아미타불은 청정구이자 평등구입니다. 우리는 모두 아미타불을 염하면서 이 한마디 아미타불의 공덕과 이익을 모르고 이 한마디 아미타불의 수승함을 알지 못합니다. 이 두 마디는 이런 뜻을 드러내니, 모두 세심하게 체득하시길 바랍니다.

1-4

중생이 부처님을 염하니 부처님께서 중생의 마음 안에 있고, 부처님께서 중생을 염하니 중생이 부처님의 마음 가운데 있다.

衆生念佛、佛在衆生心內。佛念衆生、衆生在佛心中。

「중생」 이하, 후 셋은 차별이 없다. 이른바 마음 · 부처 · 중생, 이 셋은 차별이 없다. 처음 사구는 차별이 없음을 바로 밝힌다. 중생이 부처님을 염함이란 제불의 마음에 중생이 있으니, 중생의 마음 가운데 제불을 생각함이다. 부처님께서 중생의 마음 안에 있다 함은 중생의 마음 바깥에 다시 다른 부처가 없으니, 부처님의 진심眞心이 곧 중생의 진심인 까닭이다. 이는 인문因門에 법을 포섭하여 내버림이 없음을 밝힌다.

衆生下、後三無差別。謂心佛生、三無別也。初四句、正明無別。衆生念佛者、諸佛心內衆生、念衆生心中諸佛也。佛在生心內者、衆生心外、更無別佛。以佛眞心、卽衆生眞心故。此明因門攝法無遺也。

그래서 중생이 부처님을 염하면 현전이나 당래에 반드시 부처님을 친견한다 하셨다. 《화엄경》에 또한 이르시길, "(보살마하살은) 응당 자심에 염념마다 항상 부처님이 계셔서 정각을 이룸을 알지니라. 무슨 까닭인가? 제불여래께서는 이 마음을 여의지 않고 정각을 이루는 까닭이다." 하셨다.

故云衆生念佛、現前當來、必定見佛。華嚴亦云。應知自心。念念常有佛成正覺。何以故。諸佛如來、不離此心成正覺故。

부처님께서 중생을 염함이란 중생의 마음 안에 제불이 계시니, 제불의 마음 가운데 중생을 염함이다. 중생이 부처님 마음 가운데 있다 함은 부처님의 진심 바깥에 다시 중생이 없으니, 중생의 진심이 곧 부처님의 진심인 까닭이다. 이는 과문果門에 법을 포섭하여 내버림이 없음을 밝힌다.

佛念衆生者、衆生心內諸佛、念諸佛心中衆生也。生在佛心中者、佛眞心外、更無衆生。以衆生眞心、卽佛眞心故。此明果門攝法無遺也。

그래서 시방의 여래께서는 중생을 가엾이 여기시니 어머니가 자식을 잊지 않고 기억하는 것과 같다. 《불성론佛性論》에 이르시길, 일체중생은 빠짐없이 여래의 지혜 안에 있어 일체중생은 결정코 여여한 경계를 벗어나는 자가 없고 모두 여래께서 섭지攝持하는 바가 된다. 《청량소淸涼疏》에 의거하여 사구를 열어 이르니, 첫째는 제불의 마음 바깥에 다른 중생이 없고, 둘째 중생의 마음 바깥에 다시 다른 부처가 없으며, 셋째 부처님의 마음과 중생의 마음이 쌍으로 보존하여 같이 나타나고, 넷째 중생의 마음과 부처님의 마음이 서로 빼앗아 쌍으로 사라진다. 지금 우선 앞 두 구를 기준으로 밝혔다.

故云十方如來憐念衆生、如母憶子。佛性論云。一切衆生、悉在如來智內。以一切衆生、決定無有出如如境者、並爲如來之所攝持。據淸涼疏、開成四句。一諸佛心外、無別衆生。二衆生心外、更無別佛。三佛心、生心。兩存齊現。四生心、佛心。互奪雙亡。今且約前二句明也。

이 단락의 경문에서는 마음·부처·중생 이 셋은 차별이 없음을 말씀하십니다. 이는 바로 《반야경》에서 말씀하신 「제법실상諸法實相」으로 우주와 인생의 진상을 말합니다. 경에서는 항상 미오迷悟를 강설하십니다. 미迷는 바로 이 진상을 미혹하여 잃음이고, 오悟는 바로 진상을 잘 알아 나중에 변경되지 않습니다. 미오는 비록 다를지라도 진상은 지금까지 변경된 적이 없습니다. 깨달으면 그것이 있고, 미혹하면 그것이 없다고 말해서는 안됩니다. 그래서 사실진상은 미오와 관계가 없습니다. 그러나 미오는 그것을 수용함이 달라서 깨달으면 수용이 자재하여 대자재를 얻고 미혹하면 고통이 있고 번뇌가 있습니다. 깨달은 사람은 번뇌가 없고 진정으로 괴로움을 여의고 즐거움을 얻습니다. 그래서 괴로움과 즐거움, 근심과 기쁨, 번뇌와 청정은 미오에서 생기는 것이고, 진상에는 없습니다. 바꾸어 말하면 번뇌도 없고 보리도 없으며, 환희도 없고 우환도 없습니다. 진상에서는 없고 미오에서는 생성됩니다. 이는 모두 정상이 아닌 현상이라 합니다. 이 뜻은 매우 깊어서 세심하게 체득하여야 합니다. 실재로 체득하였다 말해도 단지 표층의 의미만 체득할 수 있을 뿐이고, 만약 진실한 수용을 얻고 싶다면 상당한 심도의 체득이 있어야 됩니다.

이 사구는 정설입니다, 첫째 구에서는 장래에 염불하여 성불하는 원리를 우리에게 말씀해 주시니, "중생이 부처님을 염하면 부처님은 중생의 마음 안에 있다." 하셨습니다. 중생이 부처님을 염하지 않을 때 부처님께서 중생의 마음 바깥에 있는 것이 가능합니까? 가능하지 않습니다. 당신이 염불하면 부처님께서는 당신의 마음 안에 있고, 염불하지 않아도 부처님께서는 여전히 당신의 마음 안에 있습니다. 차별은 어디에 있습니까? 당신이 염불할 때 당신 마음 안의 부처님은 또렷하고 명백하여 앞에서 말했듯이 "마음으로 전일하게 억념함에 불불이 모두 드러난다." 하였습니다. 당신이 마음속에 염불하지 않을 때 마음에 비록 부처님께서 계시지만 당신 자신이 알아차리지 못합니다. 바꾸어 말하면 부처님께서는 계시지만 작용을 일으키지 않습니다. 당신 마음속에 염불할 때 이 부처님께서는 작용을 일으킵니다. 이로 말미암아 마음 안은 본래 부처입니다. 이는 성덕性德으로 본성 안에 본래 갖추고 있는 덕능입니다. 이는 바로 육조대사께서 깨달았을 때, "어찌 자성이 본래 스스로 구족하고 있음을 알았겠는가(何期自性本自具足)?"라고 말씀하신 것과 같습니다. 부처님을 염하여 부처님께서 현전함을 수덕이라 합니다. 성덕은 본래 있지만, 수덕이 없으면 그것은 현전할 수 없습니다.

이는 십법계에서 법계 하나를 들어 말하면 이는 마음·부처·중생은 차별이 없다는 말이고, 실제로 말해서 이 일구는 이미 십법계를 모두 원만히 함섭하고 있습니다. 왜냐하면 중생은 부처를 제외하고 그 밖에 구법계를 포괄하고 있기 때문입니다. 보살·연각·성문·천·수라·인·아귀·축생·지옥의 구법계를 모두 중생이라 합니다. 십법계에서 단지 부처님만이 진정한 깨달음이자 구경원만한 깨달음이고, 부처님을 제외하고 그 밖에는 모두 미혹입니다. 단지 그들의 미혹에 경중이 있다고 말할 수 있을 뿐입니다. 보살의 미혹이 가장 가볍고, 연각은 그 다음, 성문 또한 그 다음입니다. 미혹이 가장 무거운 것은 지옥입니다. 단지 미혹한 정집情執의 경중이 달라서 나누어질 뿐입니다. 그래서 이 일구는 십법계 의정장엄의 원리를 설명합니다. 즉 십법계는 어디에서 유래하는지 이 한마디 말에서 이야기 합니다. 우주와 인생은 어디에서 유래하는가? 마음이 변하여 나타난 것으로 마음을 깨달으면 사성법계四聖法界로 바뀌고,

마음이 미혹하면 육범법계六凡法界로 바뀌니, 일체가 유심조입니다. 《화엄경》에서는 말씀하시길, "응당 법계의 본체를 관하면 일체는 오직 마음이 지은 것이다(應觀法界性 一切唯心造)." 하셨습니다. 마음은 우주와 인생의 본체입니다.

그래서 부처님께서 우리의 마음 안에 계실 뿐만 아니라 십법계 의정장엄 모두 우리의 마음 안에 있습니다. 바꾸어 말하면 당신이 어떤 것을 염하면 그것으로 바뀝니다. 십법계 의장장엄은 우리의 성덕으로 자성에 본래 스스로 구족하고 있어 내가 부처를 염하면 부처님이 현전하시어 부처가 되고, 보살을 염하면 보살이 되며, 천상을 염하면 천상에 태어나고, 사람을 염하면 장래 내생에 인도에 태어나며, 탐진치를 염하면 내생에 삼악도로 바뀝니다. 모두 자기 일념의 마음이 변화하여 있는 것으로 마음 바깥에서 얻을 수 있는 것이 아닙니다. 이것이 불법입니다. 정토의 원리뿐만 아니라 모든 불법의 원리가 이것을 벗어나지 않습니다. 우리는 진정으로 이러한 이치를 잘 알아서 십법계를 자유롭게 선택할 수 있습니다. 당신이 아귀도로 가면 탐하는 마음이 늘어나고, 지옥에 떨어지면 성내는 마음이 늘어나며, 축생으로 바꾸면 어리석은 마음이 늘어납니다. 이른바 어리석음은 바로 시비와 선악이 또렷하지 못하여 축생처럼 미혹 전도되어 흐리멍덩한 것입니다. 이러한 이치를 진정으로 이해하여 세상 사람을 자세히 살펴보면 세상에는 삼악도의 업을 짓는 사람이 너무나 많습니다. 그들의 마음속에 탐진치를 염하여 그것이 변하여 나타난 것이 바로 삼악도입니다.

오계五戒를 염하고 십선十善을 염하면 이는 인천도입니다, 오늘날 마음속으로 항상 오계를 간직하는 사람이 얼마나 됩니까? 오계에 흠결이 있으면 내생에 사람 몸을 얻을 수 없습니다. 천도는 인도에 비해 도덕수준이 더 높습니다. 십선업도十善業道를 닦아야 하고 자비희사의 사무량심四無量心을 닦아야 천상에 태어날 수 있습니다. 성문은 날마다 사성제를 생각하고, 연각은 십이인연을 생각하며, 보살은 육도만행을 생각하며, 부처는 청정·평등·자비를 생각합니다. 바로 당신이 하루 종일 무엇을 생각하면 그것으로 바뀝니다. 그래서 십법계 의정장엄은 당신 마음속 생각에서 나옵니다. 불법에서 이러한 이치를 전문으로 설명하는 종파가 바로 법상유식종입니다.

"부처님께서 중생을 염하여 중생은 부처님 마음에 있다." 불보살님께서 중생을 염하지 않은 적이 없습니다. 단지 중생이 부처님을 염하지 않을 뿐입니다. 불보살님께서 중생을 염하지 않을 수 없어 염념마다 일체중생을 위하고, 염념마다 중생이 빨리 불도를 이루고 빨리 보리를 증득하길 원하십니다. 애석하게도 중생은 불보살을 저버리고 부처님을 염하지 않습니다. 여러분은 이러한 이치를 깊이 깨닫고 진정으로 이해하여야 우리가 왜 염불을 해야 하는지, 다른 법문을 닦지 않고 염불법문을 닦아야 하는지 알게 됩니다.

염불은 곧장 성불하는 길이고, 다른 법문은 돌고 돌아서 성불하는 길입니다. 다른 법문을 닦으면 상당한 단계까지 닦고 고개를 돌려서 여전히 염불해야 합니다. 왜냐하면 염불하지 않으면 성불할 수 없기 때문입니다. 《화엄경》에서처럼 그들은 초지보살까지 닦아야 이때 성불하고 싶은 생각이 들어 염불을 하기 시작합니다. 그래서 초지에서 십지까지 열 단계에서 처음부터 끝까지 염불을 여의지 않습니다. 즉 처음인 초지에서 끝인 법운지보살에 이르기까지 모두 염불법문을 닦습니다. 팔만사천 법문을 마지막까지 닦아도 여전히 염불해야 합니다.

우리는 매우 다행히도 처음부터 인연이 수승하여 고덕의 말씀대로 「무량겁 이래 만나기 어려운 인연으로 만나」, 처음부터 염불을 하여 성불할 것입니다. 빙빙 돌지 않고, 삼대아승지겁·무량겁을 거치지 않고서 십신十信·십주十住·십행十行·십회향十迴向·십주十地의 계급 단계를 거치지 않고 범부지에서 단번에 성불하고 한 걸음에 하늘에 오릅니다. 염불법문의 이익은 여기에 있습니다. 몇 사람이나 알까요? 아는 사람이 없습니다! 우리 앞에 엄청나게 큰 분량의 《대장경》을 다 펼쳐놓고 보아도 《정토오경》이 제일의 보장寶藏으로 견줄 수 없이 수승하지만, 사람들은 그것을 알아 볼 줄 모릅니다. 일반인이 이를 알아볼 줄 모르는 것은 말할 것도 없고 저도 학불할 당시에 여전히 알지 못했습니다. 만약 알아볼 줄 알았다면 저는 더 빨리 성불하였을 겁니다. 30여년 학불하였지만 알아볼 줄 몰라서 30여년 고난을 겪고 많은 시련을 겪어야 했습니다. 줄곧 현재에 이르러 다행히도 저는 《화엄경》을 읽고서 비로소 활연대오하였습니다. 염불법문이 성불의 제일 법문이고 염불하여 성불함이 시방제불이 중생을 제도하는 제일법문임을 깨달았습니다. 바꾸어 말하면 일체 법장에서 저는 진정한 제일보장을 찾았음을 깨달은 것입니다.

진정으로 명료하게 깨달은 후 저는 일체를 모두 내려놓고 정토를 전수·전홍하였습니다. 사람들이 저에게 《능엄경》을 강설해 달라 청하면 이를 강설하지 않고, 「대세지원통장」 이 일장만 강설하면 됩니다. 또한 어떤 동수께서 《화엄경》을 강설해달라고 청하였지만 저는 이를 강설하지 않고 《보현행원품》 최후의 일권만 강설합니다. 이로부터 이후로는 《정토오경》만 전일하게 강설하고 전일하게 홍양할 뿐 나머지는 강설하지 않습니다. 다시 말해 저는 이미 이를 볼 줄 알고서 제일보장만 강설하였습니다.

문제는 앞의 두 구에 있습니다. 중생이 부처님을 염하여야 당신의 불성이 현전합니다. 염불하여 성불하는 것에 특별히 주의해야 합니다. 당신이 부처님을 염하고 부처님께서도 당신을 염하여야 비로소 당신과 부처님이 감응도교합니다. 당신이 부처님을 염하지 않으면 비록 부처님께서 당신을 염할지라도 감응작용이 일어나지 않습니다. 당신 자신에게 장애가 있지, 부처님에게는 장애가 없습니다. 아래 사구는 다른 면에서 말합니다.

1-5

이 마음 그대로 부처가 되니 마음으로 염하지 않으면 부처가

되지 않고, 부처님에 즉하여 마음을 드러내니 부처님의 명호를 칭념하지 않으면 마음은 드러나지 않는다.

是心作佛、心不念而佛不作。卽佛顯心、佛不稱而心不顯。

시심是心 이하 사구는 앞을 이어서 반대로 드러낸다. 마음이 본래 부처이지만 이를 깨닫지 못함으로 말미암아 부처님께서는 숨는다. 부처가 되고자 한다면 모름지기 마음을 염해야 한다. 그래서 《기신론》에서는 이른바 중생의 본각과 부처님의 본각은 그 체성에는 둘이 없다 하셨다. 마음을 염하지 않으면 성불하기 어렵다. 부처는 본래 마음인데 무명으로 인해 마음이 어둡다. 만약 마음을 드러내고자 한다면 모름지기 부처님을 염해야 한다. 그래서 《화엄경》에서는 이르시길, "부처님의 지혜는 광대하여 중생의 마음에 두루 미치고, 일체 중생의 갖가지 언어는 모두 다 여래의 법륜을 여의지 않는다." 하셨다. 만약 부처님을 칭념하지 않으면 마음을 밝히기 어렵다.

是心下四句、躡前反顯。心本是佛、由不覺而佛隱。若欲作佛、須當念心。故起信謂衆生本覺、與佛本覺、無有二體。若不念心、難成佛矣。佛本是心、因無明而心暗。若欲顯心、須當念佛。故華嚴謂佛智廣大。遍衆生心。衆生語言、皆悉不離如來法輪。若不稱佛、難明心矣。

「시심작불是心作佛」은 수덕修德입니다. 만약 **「시심시불是心是**

佛」이라고 말하면 그것은 성덕性德으로 본래 갖추고 있습니다. 시심작불은 바로 육조대사께서 말씀하신 대로 "능히 만법을 냅니다(能生萬法)." 그것은 부처를 낼 수 있습니다. 바로 자신이 부처가 되어야 합니다. 어떤 작법으로 부처가 됩니까? 염불해야 합니다. 당신은 마음으로 염하지 않으면 부처가 되지 못합니다. 당신이 마음으로 염불하지 않으면 성불할 수 없습니다. 그래서 성불成佛·작불作佛, 이 명사는 요즘 말로 하면 바로 우리 자신의 본능을 회복함입니다. 본능은 부처 노릇을 함(做佛)이라 합니다. 우리 자신은 본래 만덕만능萬德萬能으로 알지 못하는 바가 없고 할 수 없는 바가 없습니다. 이것이 본능입니다. 부처가 됨은 바로 본능을 회복함이고, 진성을 회복함입니다. 진성眞性에 칭합하여 작용을 일으키는 것을 부처 노릇을 함이라 합니다. 반드시 이 뜻을 또렷이 명백하게 이해해야 하고 오해해서는 안됩니다.

여전히 수많은 사람들은 부처가 되길 원하지 않는데, 왜 그렇습니까? 당신은 왜 부처가 되길 바라지 않습니까? "부처가 되는 것이 무슨 이득이 있겠는가! 부처가 되어, 온종일 그곳에 책상다리를 한 채 움직이지 않고 그곳에 앉아 있으면서, 날마다 사람들의 공양을 받고 예배를 받는다." 그는 부처가 되면 마치 불상과 같이 온종일 움직여서는 안 되고 사람들에게 예배를 하게 하는 것이라 여깁니다. "이런 부처가 무슨 의미가 있는가? 이는 아무런 의미가 없다." 그래서 그는 부처가 되길 원하지 않습니다. 그는 부처가 되면 너무나 괴롭고 하루 종일 그곳에 앉아서 움직이지 않고 다른 사람에게 와서 예배를 하게 한다고 생각합니다. 이는 오해입니다. 부처가 됨은 실제로 말하면 구경원만하여 즐겁고 행복한 사람이 되는 것입니다. 그래야 진정한 부처라고 합니다. 그는 계속해서 부처의 의미를 전혀 이해하지 못합니다. 그가 또렷이 이해하면 어떻게 부처가 되길 원하지 않겠습니까! 자신의 행복을 원하지 않고 자신의 원만한 즐거움을 원하지 않는 이가 누가 있겠습니까! 모두 원할 것입니다. 부처는 할 수 있고, 부처가 아니면 할 수 없습니다. 따라서 부처의 뜻을 또렷이 이해하면 우리는 부처가 되어야 하고 마음으로 염불을 해야 합니다.

「**부처님에 즉하여 마음을 드러낸다**」. 왜냐하면 부처가 바로 마음이고, 부처가 바로 우리의 원만한 진심이며, 털끝만큼도 미혹이 전혀 없기 때문입니다. 만약 마음에 조금이라도 미혹이 있으면 부처라고 할 수 없고, 단지 보살이라 할 수 있을 뿐입니다. 부처님의 마음은 조금도 미혹이 없습니다. 관세음보살, 대세지보살과 같은 등각보살의 마음에도 여전히 깨뜨리지 못한 일품생상무명一品生相無明이 있습니다. 그것은 바로 미혹으로 여전히 깨뜨려야할 일분의 미혹한 정집情執이 있습니다. 그가 일분의 미혹한 정집을 깨뜨리면 보살이라 하지 않고 부처라 합니다. 이로 말미암아 부처는 바로 우리의 마음임을 알 수 있습니다. 우리가 마음속으로 완전히 미혹하지 않으면 이것이 바로 부처이고, 마음이 완전히 미혹하면 그것이 바로 지옥입니다.

그래서 십법계를 말하면 뜻은 바로 이와 같아 보살은 9분의 각오覺悟에 1분의 미혹이 있고, 아라한·성문은 7분의 각오에

3분의 미혹이 있습니다. 천인은 6분의 깨달음이 있고 4분의 미혹이 있습니다. 인간은 깨달음이 반이고 미혹이 반입니다. 십법계는 이렇게 미오迷悟 상에서 나누어집니다. 그래서 부처님은 완전히 깨달은 분으로 미혹이 전혀 없습니다. 지옥은 완전히 미혹한 존재로 대단히 오랜 시간 괴로움을 겪습니다. 아귀는 1분의 깨달음에 9분의 미혹이 있고, 축생은 2분의 각오에 8분의 미혹이 있습니다. 십법계는 바로 미오의 정도가 달라서 이런 현상이 있습니다. 이런 현상은 본래 구족되어 있습니다. 수덕修德 상에서 말하면 진성眞性을 드러낼 수 있고, 만법을 낼 수 있으며, 부처님에 즉하여 마음을 드러낼 수 있습니다. 어떤 방법으로 마음을 드러냅니까? 염불念佛·억불憶佛로 마음을 드러냅니다. 즉 마음속에서 부처님을 생각하고 입으로 부처님을 칭념합니다. 부처님 명호를 칭념하지 않으면 우리의 진성眞性·각성覺性은 완전히 현현할 수 없습니다.

1-6

즉 염불일문은 지성심으로 견성성불하는 묘법임을 알지라.

則知念佛一門、誠爲見性成佛之妙法矣。

즉지則知 이하는 총결이다. 미타彌陀는 바로 자성自性이고, 정토淨土는 전체 그대로 오직 일심이다. 심성을 여의는 그

밖에 털끝만큼도 얻을 수 없다. 억념할 수 있으면 즉 본유의 성덕인 부처(本性佛)를 드러낸다. 《기신론》에 이르시길, "법계일상은 바로 여래의 평등법신이니라." 하셨다. 성덕인 부처가 한번 드러나니, 과불을 스스로 증득한다. 그래서 규산 대사께서 이르시길, "지금 마음이 부처님의 마음임을 알면 결정코 부처가 되리라."[8] 하셨다. 과연 그렇지 않은가? 설사 염불문을 여의고 이외의 법문으로 속히 견성성불하려는 자는 그 가깝고 쉬운 길을 버리고서 모든 먼 것을 구하여 이루기 어렵다.

則知下。次結。彌陀、卽是自性。淨土、全唯一心。離心性外、毫無可

---

8) [규봉圭峰 선사께서 이르길, 마음이 부처님의 마음임을 알면 결정코 부처가 되겠지만 본래 성불하였으나 부처가 됨이 아닌 까닭이다(今知心是佛心 定當作佛 然而本來成佛 非作得故)] 이 사실을 아는 사람은 많지 않습니다. 비록 들었을지라도 정말 아는 것입니까? 알 것 같지 않은데, 왜 그렇습니까? 만약 정말 안다면 사람과 일과 사물에 대한 의견이 다릅니다. 조금 더 평이하게 말하면, 감정대로 일을 처리하지 않기로 결정하고, 만약 일을 처리하고 사람을 대하며 사물을 접함에 있어 감정대로 일을 처리한다면, 바꾸어 말해 이 일에 당신이분명하지 않습니다. 왜냐하면 이 일은 부처님의 지견이기 때문입니다. 부처님의 지견에 들어감은 바로 부처님을 분증分證함이고 부처님을 분증하면 어떻게 감정대로 일을 처리하겠습니까! 「심시불심心是佛心」, 중생심과 부처님은 하나이지 둘이 아닙니다. 선가에서는 "사람이 마음을 안다면 대지에 한줌 흙도 없으리라."라고 늘 말합니다. 마음을 앎은 바로 마음을 밝힘이고 마음을 밝힘은 바로 견성이며 견성은 바로 성불입니다. 그래서 마음은 확실히 있지만 우리 자신은 모릅니다. 만약 안다면 일체 만사만물에 대해 결정코 평등심으로 바라볼 것입니다. 왜냐하면 마음이 평등하기 때문입니다. 십법계 의정장엄과 서방극락세계는 모두 자성이 변하여 나타난 물건으로 어떻게 평등하지 않겠습니까? 당연히 평등합니다. 《아미타경소초연의阿彌陀經疏鈔演義》 강기, 정공법사

得。若能憶念、卽顯本性佛矣。起信云。法界一相、卽是如來平等法身。性佛一顯、果佛自證。故圭山云。今知心是佛心。定當作佛。不其然乎。設離念佛門外、而欲速見性成佛者。是捨其近易、以求諸遠難也。

마지막 이 두 마디는 총결總結입니다. 선종 최고의 목적은 마음을 밝혀 견성하고, 견성하여 성불함에 있습니다. 정종의 염불도 또한 견성하여 성불함입니다. 선종에서 견성성불見性成佛을 말하는데, 어떤 부처를 이룹니까? 다들 이를 소홀히 하여 분명히 알지 못합니다. 밀종에서는 즉신성불卽身成佛을 말하는데 어떤 부처를 이룹니까? 이것도 분명히 알지 못합니다. 만약 당신이분명히 안다고 말하면 염불하여 성불하는 것보다 못합니다. 염불하여 성불함은 원교의 부처를 이루는 것입니다. 선종에서 견성성불하여 이루는 것은 장교의 부처 · 통교의 부처 · 별교의 부처로 원교가 아닙니다. 만약 그가 원교의 부처를 이룰 수 있다면 "십지보살은 처음부터 끝까지 염불을 여의지 않는다(十地菩薩始終不離念佛)"는 말씀이 불필요합니다. 그가 원교의 부처를 이룰 수 있다면 왜 염불을 해야 하겠습니까? 염불을 할 필요가 없을 것입니다. 십지보살은 처음부터 끝까지 염불을 여의지 않습니다. 바꾸어 말하면 선종 최고의 경계는 단지 별교의 부처에 도달할 수 있을 뿐입니다. 밀종에서 성불하여 이루는 부처는 선종의 부처에 비해 한 단계 낮은 장교의 부처입니다. 그 정도는 단지 아라한과 같을 뿐입니다. 여러분들은《인광대사문초印光大師文鈔》에서 이러한 법문을 볼 수 있고, 담허대사께서도 일부 저작에서 이렇게 말씀하셨습니다. 그래서 이들 수행법은 염불하여 성불함과 견줄 수 없습니다. 천태지자대사께서는 부처님은 장藏·통通·별別·원圓의 네 가지 종류가 있다고 말씀하셨습니다.

현재 대륙에 계시는 황념조 거사께서는 선禪과 밀密에 조예가 대단히 깊으신 분입니다. 그는 밀종에서 관정수기를 받은 금강상사金剛上師이십니다. 현재 그는 밀密도 닦지 않고, 선禪도 참하지 않으며 염불만 전수하십니다. 왜냐하면 그는 명백히 알았기 때문입니다. 그는 금강상사로 법을 전하지 않습니다. 누가 그에게 밀密을 배우겠다고 청해도 법을 전하지 않고 염불을 권하여 그 사람에게 제일보장, 가장 수승한 진실이익을 전해 줍니다. 따라서 우리는 염불일문이야말로 진정으로 견성성불하는 묘법임을 알아야 합니다.

고인께서는 《화엄경》, 《법화경》은 모두 《무량수경》의 서분이라고 말씀하십니다. 《무량수경》으로 인도하여야 비로소 염불법문의 수승함을 알 수 있습니다. 그것은 대승 중에서도 대승이고, 일승의 일승이며, 요의의 요의입니다. 이는 절대로 정토종 대덕께서 고의로 자기의 신분을 높이려고 하신 말씀이 아닙니다. 만약 이렇게 생각하면 잘못이고, 손해를 보는 것은 당신 자신입니다. 이는 모두에게 말해주는 진실어로 절대 과장이 아닙니다. 왜냐하면 정토종의 대덕들은 솔직히 말하면 처음에는 모두 정토를 믿지 않았고, 심지어 정토를 배척하기도 하였습니다. 인광대사의 전기를 살펴보면 인광대사께서는 스무 살 때 불교를 믿지 않았고, 학불하면서도 근본적으로 정토를 찬성하지 않았습니다. 마지막에 이르러 불법을 참으로 이해하였고 진정으로 알게 되면서 비로소 정토가 수승하고 필적할 만한 것이 없음을 알게 되었습니다.

2. 별도로 염불원통장의 말씀을 드러내다(別顯此章所詮)

2-1

그래서 십이여래는 호를 삼매라 하고, 대세지보살께서는 원통이라 표명하였다.

所以十二如來、號日三昧。勢至菩薩、標爲圓通。

「소이所以」 이하는 셋으로 나뉜다. 처음은 정현正顯이다. 그래서란 앞을 잇고 뒤를 일으키는 말이다. 십이여래의 호는 염불을 삼매로 삼는 자이다. 범부의 때 묻은 마음은 황하처럼 혼탁하고, 외도의 망상은 달리는 말처럼 흩어져 달아난다. 그래서 삼매를 말함은 염오를 되돌려 청정을 이루고 산란함을 버려 고요함으로 들어가고자 함이다.

所以下、分爲三。初正顯。所以者、承前起後之辭。十二如來號念佛爲三昧者、凡夫垢心、混若黃河。外道妄想、逸如奔馬。故說三昧、欲令返染成淨。捨散入寂也。

이 4구는 한 단락입니다. 십이여래는 십이광여래입니다. 《무량수경》에 이르시길, "무량광불 · 무변광불 · 무애광불 · 무대광불 · 염왕광불 · 청정광불 · 환희광불 · 지혜광불 · 부단광불

· 난사광불 · 무칭광불 · 초일월광불”입니다. 이 십이여래는 모두 광光이라 하는데, 광은 광명입니다. 경에서는 두 가지 설법이 있습니다. 《무량수경》에서 십이여래는 모두 아미타여래의 별호입니다. 그러나 본경에서는 십이여래는 연이어 세상에 나타나신다고 합니다. 이 설법은 아미타부처님과 같지 않습니다. 시방세계에는 명호가 같은 부처님께서 매우 많으십니다. 아미타부처님과 관세음보살 · 대세지보살은 아미타부처님께서 성불하시기 전에 세 분이 동학 동수로 모두 이 십이여래를 가까이 모신 적이 있었습니다. 그래서 성불하신 후 이 십이여래의 별호가 생겼습니다. 이 별호는 사승師承의 연원을 표시합니다. 그는 십이여래를 계승한 분이고 십이여래의 전인傳人이라는 뜻이 있습니다.

광光은 지혜입니다. 지혜에는 반드시 정定이 있습니다. 삼매가 바로 정입니다. 「**호를 삼매라 한다**(號曰三昧)」, 이 삼매는 어떤 삼매입니까? 염불삼매입니다. 주해에서는 「십이여래의 호는 염불로 삼매를 삼는 자(十二如來號念佛爲三昧者)」라고 말합니다. 「범부의 때 묻은 마음은 황하처럼 혼탁하다(凡夫垢心 混若黃河)」 황하는 장강과 모두 같은데, 그것은 강의 바닥이 토사이기 때문에 물이 혼탁하고 깨끗하지 않습니다. 물이 황색으로 보여 황하라고 하는데, 그것은 맑지 않고 진흙과 모래가 너무 많습니다. 옛날 대덕께서는 이를 가지고 범부의 마음이 청정하지 않음에 비유하였습니다. 범부의 마음은 하루 종일 옳고 그름, 남과 나, 명성이익, 탐친지 교만 등이 너무 많아 청정하지 않습니다.

「외도의 망상이 달리는 말처럼 흩어져 달아난다(外道妄想 逸如奔馬)」, 야생마와 같습니다. 외도는 완전히 불문 이외를 가리키는 것이 아니라 불문 내의 외도도 포함됩니다. 불교를 배우는 사람 중에는 하루 종일 망상에 빠지는 사람이 많습니다. 교하教下에서 깨닫지 못하면 모두 망상입니다.

청량대사께서는 《화엄경소초華嚴經疏鈔》에서 「해는 있고 행이 없으면(有解無行)」 불법에 대해 아는 것이 많으면 해解는 있지만 이해한 이치가 행과 상응하지 못하고 일체로 녹이지 못하면 「사견이 늘어난다(增長邪見)」고 말씀하셨습니다. 예를 들면 유식 입문서인 《백법명문론百法明門論》(백법이라 약칭)을 읽고서 《백법》을 자신의 지혜로 바꾸고 자신의 생활행위로 바꿀 수 없으면 일백 가지 망상이 증가합니다. 대사께서는 「행은 있고 해가 없으면 무명이 늘어난다(有行無解 增長無明)」하셨습니다. 이는 바로 맹목적으로 수련하는 것으로 열심히 수행하고 진정으로 행하지만 이치를 알지 못하고 방법을 몰라 경계가 뒤죽박죽이어서 무명이 늘어납니다. 그래서 불법에서는 해행解行이 상응하여야 한다고 말합니다. 해도 있고 행도 있어야 하는데 염불도 이와 같습니다. 한쪽에 치우치지 말고 해와 행을 모두 중시하고, 반드시 체득한 것을 진정한 지혜로 바꾸어야 합니다.

《백법》은 우주와 인생의 강령과 진상을 말합니다. 이를 진정으로 깨달은 후에야 비로소 신심의 세계 일체를 내려놓을 수 있습니다. 이것이 《백법》의 목표입니다. 그래서 명문明門을 말씀하셨습니다. 《백법》을 읽고 난후 여전히 내려놓지 않고 간파하지 못하면 명실상부하게 일백 가지 망상과 사견이 늘어나서 모든 일체 경전을 깨닫지 못하고 선종의 말씀도 깨닫지 못합니다. 깨닫지 못하면 사견이 늘어나는 것이 아니라 무명이 늘어납니다. 이 점을 주의하지 않으면 안됩니다.

이 십이광여래는 염불삼매로 곧 마음이 물들지 않고, 마음속에는 망상이 없습니다. 염오를 돌려 청정을 이룸은 범부에 대해 말씀하신 것이고, 산란을 버리고 고요함을 들어감은 외도에 대해 말씀하신 것입니다. 청정함(淨)과 고요함(寂)은 수행의 관건입니다. 청정함은 바로 청정심으로 우리의 마음이 일체 뒤섞여 물듦을 여의면 마음은 청정합니다. 고요함은 일체 분별망상을 여읨으로 적寂은 바로 정定입니다. 이를 염불삼매라 합니다.

대세지보살께서 염불로 원통을 삼는다 표명함이라 함은 소승 아라한은 일곱 차례 태어나 미혹을 끊고 진여를 증득하며, 권교보살은 삼아승지겁에 인을 갖추어 과를 만족한다. 그래서 원통을 말하여 속히 증득하고 빨리 성취하며 원만히 뛰어 넘어 곧장 들어가게 한다.

勢至菩薩標念佛爲圓通者。小乘七生斷惑證眞、權敎三祇具因滿果。故說圓通、欲令速證疾成、圓超直入也。

이는 원통을 말합니다. 대세지보살께서는 원통을 표명하십니다. 소승 아라한은 매우 고생스럽게 수행하고 시간도 매우 깁니다. 일곱 차례 태어남은 소승을 배우기 시작한 오늘부터 계산하는 것이 아니라 소승초과를 증득한 때로부터 계산합니다. 초과인 사다함을 증득하지 이전에는 계산하지 못합니다. 소승 수다원과를 증득하려면 반드시 삼계 88품 견혹을 다 끊어야 합니다. 이는 쉬운 일이 아닙니다. 이를 다 끊은 이후 천상·인간을 일곱 차례 왕래하고 삼계 81품 사혹思惑을 다 끊어야 삼계를 뛰어넘어 아라한과를 증득하지만, 여전히 견성하지 못합니다. 그래서 소승은 행하기 어려운 도입니다.

권교보살은 삼아승지겁을 닦아야 합니다. 이 삼아승지겁은 소승 수다원은 반드시 먼저 88품 견혹見惑을 끊어야 불퇴위를 증득합니다. 이때부터 계산하여 삼아승지겁이라야 장교의 부처를 이룰 수 있습니다. 이것이 인이 원만하고 과가 만족함인데, 이래야 원통이라 합니다. 이 원통의 수준은 매우 낮아서 최저한도의 원통입니다.

「**속히 증득하고 빨리 성취하며 원만히 뛰어넘어 곧장 들어가게 한다**」, 바꾸어 말하면 소승처럼 그렇게 천상·인간을 일곱 차례 왕래할 필요도 없고 또한 권교보살처럼 삼대아승지겁을 거칠 필요도 없이 우리는 이 일을 일생에 성취합니다. 일생에 성취할 뿐만 아니라 그 성취는 원만하고 불가사의합니다. 이 일은 반드시 정토경론에 깊이 들어가야 비로소 명료하게 깨달을 수 있습니다. 이전에는 정토경론에 깊이 들어가는 것이 쉽지 않은 일이라고 말했습니다. 왜냐하면 《대장경》을 절반 통달하지 않으면 정토경론을 통달할 방법이 없었기 때문입니다. 그래서 정토를 통달하기 쉽지 않아 이는 진정으로 믿기 어려운 법입니다.

현재는 인쇄기술의 발달로 전적을 쉽게 찾을 수 있습니다. 특히 황념조 거사의 《무량수경 주해》(약칭 《대경해》)는 그 주해가 대단히 완비되어 있고, 대단히 희유하여 얻기 어렵습니다. 또한 《정토오경독본淨土五經讀本》에는 9종 다른 판본의 《무량수경》이 실려 있고, 3종의 《아미타경》이 실려 있으며, 게다가 《대세지염불원통장》·《화엄경 행원품》·《왕생론》·《관음대세지수기경觀音勢至受記經》를 추가하여 모두 한 곳에 수집하였습니다. 이는 가장 완비된 정토 경전으로 정토홍양에 매우 큰 이익이 있습니다. 과거에는 정토를 홍양하는데 경전이 완비되지 않아 장애가 매우 많습니다.

2-2

삼매는 곧 일체 선정을 총섭하고, 원통은 곧 만행을 구족한다. 일심으로 돈교와 실교를 배움에 또한 마땅하지 않은가!

三昧、則總攝諸禪。圓通、則具足萬行。一心頓實、不亦宜乎。

삼매三昧 이하는 이중으로 가려낸다. 이를테면 이 삼매는 세간 출세간의 일체 선정禪定을 총섭總攝하여 나머지 삼매

아닌 것을 가려낸다. 마치 용광로 하나에 쇠를 부어 천 개의 그릇을 만드는 것과 같다. 또한 팔만사천 일체관행觀行을 원통 구족하여 나머지 원통을 가려낸다. 마치 아가타약으로 수많은 병을 통틀어 치유함과 같다. 말미 두 구는 세 권계勸誡이다. 삼매는 실교實敎에서 설명하는 바(所詮)이고, 원통은 돈교에서 설명하는 바(所詮)이다. 돈교와 실교를 배우는 경우 이는 그 마땅한 것(所宜)이다.

三昧下、二重揀。謂此三昧、總攝世出世間一切禪定、揀非餘三昧也。如一巨冶、鑄成千器。圓通具足八萬四千一切觀行。揀非餘圓通也。猶阿伽陀、總愈萬病。末二句、三勸誡。三昧、實敎所詮。圓通、頓敎所詮。學頓實敎者、是其所宜也。

[삼매는 곧 일체 선정을 총섭하고, 원통은 곧 만행을 구족한다]

이는 바로 원통장에서 설한 것으로 삼매와 원통, 이 두 가지 일은 불법을 대소승교 안에 모두 다 포괄한다고 말할 수 있습니다. 삼매는 일체 선정을 총섭하니, 염불삼매는 삼매 중의 왕입니다. 그래서 염불삼매를 보왕寶王이라 부릅니다. 고덕께서는 《염불삼매보왕론念佛三昧寶王論》에서 염불삼매는 삼매 중의 왕이라 하셨습니다. 이는 바로 일체 선정을 뛰어넘습니다. 「원통」은 일체 종교를 뛰어넘습니다.

「**구족만행**具足萬行」, 만행은 보살이 닦는 것으로 소승을 뛰어넘고 권교를 뛰어넘습니다. 주해에서는 「중간重揀」, 다시 우리에게 골라내 준다고 말합니다. 이 삼매를 기타 삼매와 다르다고 가려낸다고 말합니다. 그래서 염불삼매는 특별히 수승합니다. 「**여일거야如一巨冶 주성천기鑄成千器**」, 야冶는 야금로冶金爐로 제강로煉鋼爐처럼 수천수만 개의 그릇을 도야할 수 있습니다. 이는 만법을 생할 수 있고 불가사의한 공덕을 성취할 수 있다는 뜻입니다.

「**팔만사천 일체 관행觀行을 원통구족하여 나머지 원통을 가려낸다**」, 이는 바로 불문에서 늘 말하는 팔만사천 무량법문을 이 염불이 모두 다 구족하여 진실로 한 법문도 빠뜨리지 않는다는 뜻입니다. 다른 법문을 닦으면 이는 하나를 닦느라고 하나에 매어 만 가지를 빠뜨리는(掛一漏萬) 셈입니다. 그러나 염불법문을 닦으면 일체 원만하여 한 법문도 염불법문에 포괄되지 않음이 없습니다. 그래서 염불법문은 불가사의합니다. 「**마치 아가타약으로 수많은 병을 통틀어 치유한다**」, 아가타는 범어로 고대인도에서 이 같은 약이 매우 보편적이었는데, 어떤 병이든 상관하지 않고 이 약을 쓰면 효과가 있어 일체 병을 치료할 수 있었습니다. 한 가지 약으로 단지 한 가지 병만 치료할 수 있는 다른 약과 달리 이 약은 일체 병을 치료할 수 있습니다. 염불은 아가타약과 같아서 위로 등각보살에서부터 아래로 지옥중생에 이르기까지 일체 사람을 제도할 수 있고 평등하게 도탈度脫시켜 모두 성불하게 할 수 있습니다. 그래서 이 법문은 확실히 수승합니다.

[일심으로 돈교와 실교를 배움에 또한 마땅하지 않은가]

이는 우리에게 권하시는 말씀입니다. 화엄종에서는 소小·시

始·종終·돈頓·원圓의 오교를 말하고 천태종에서는 장藏·통通·별別·원圓의 사교를 말합니다. 사교이든 오교이든 상관없이 이 안에는 권이 있고, 실이 있습니다. 권權은 방편법이고, 실實은 진실법입니다. 진실한 교학 안에 삼매를 말하여 이는 당신에게 진실을 말해줍니다.

「원통은 돈교에서 설명한 바이다」, 원통은 돈초頓超이지 점수漸修가 아닙니다. **「돈교와 실교를 배우는 경우 이는 그 마땅한 것이다」**, 우리가 오늘 만약 돈교를 배우고 실교를 배우길 발원한다 말하면 이 법문은 딱 맞고 가장 좋습니다. 이는 우리에게 일체법문 중에서 이 법문을 선택하라고 권하는 것입니다.

또한 위에서는 원의를 드러내고, 여기서는 아울러 돈실을 드러낸다. 중생이 염불하면 반드시 성불하니, 이것이 실實이다. 《기신론》에 이르시길, "아미타불을 전념하고 선을 닦아 회향하여 저 세계에 태어나길 발원하면 마침내 부처님을 친견하리라." 《화엄경》에 이르시길, "목숨을 마치려 할 때 모든 육근이 흩어져 무너지지만, 오직 이 원왕만은 그 앞길을 인도하리라. 즉시 왕생하여 아미타불을 친견하고 부처님의 수기를 받으며 오래지 않아 보리도량에 앉아 등정각을 성취하리라)." 하셨다. 중생이 부처님을 억념하면 현전에 즉시 친견하니, 이것이 돈頓이다. 《보장경佛藏經》에 이르시길, "그릇된 각이 없고 삿된 관이 없음을 염불이라 하고 망상이 없고 잡된 말이 없음을 염불이라 한다." 하셨다. 《대반야경》에 이르시길, "보살마하살은 염불함에 색으로써 염하지 않고 수상행식으로써 염하지 않나니, 제법의 자성이 공한 까닭이니라."[9] 하셨다. 지금 아울러 이를 드러낸다. 그래서 돈실이란 마땅히 배워야 하는 것이다.

又上顯圓義、此兼顯頓實。衆生念佛定當成佛、實也。起信云。專念阿彌、修善回向、願生彼界、終得見佛。華嚴云。臨命終時、諸根散壞。唯此願王、引導其前。卽得往生、見彌陀佛。蒙佛授記、不久當坐菩提道場、成等正覺。衆生憶佛、現前卽見、頓也。佛藏經云。無覺無觀、名爲念佛。無想無語、是名念佛。摩訶般若云。菩薩摩訶薩念佛、不以色念、不以受想行識念、以諸法自性空故。今兼顯此。故頓實者、宜應學也。

이어서 주해를 보면, 「또한 위에서는 원의를 드러내고 여기서는 아울러 돈실을 드러낸다」, 앞 절에서 말한 것은 원의圓義이고, 이 절에서는 돈실頓實을 말합니다. 「중생이 염불하면 반드시 성불하니, 이는 실이다」, 이는 진실입니다. 이 문자는 어감이 매우 긍정적이어서 조금도 의혹이 없습니다. 《대승기신론》은

---

9) 수보리여! 보살마하살은 어떻게 염불하는가? 보살마하살은 염불함에 색으로써 염하지 않고 수상행식으로써 염하지 않느니라. 왜 그러한가? 색은 자성이 없고 수상행식도 자성이 없기 때문이니라. 만약 일체법에 자성이 없다면 이를 무소유라 하느니라. 왜 그러한가? 자성이 없는 것을 억념하는 까닭에 이를 염불이라 한다(菩薩摩訶薩念佛，不以色念，不以受想行識念。何以故？是色自性無，受想行識自性無。若法自性無，是爲無所有。何以故？無憶故，是爲念佛) 《마하반야바라밀경摩訶般若波羅蜜經》 제23권

마명보살께서 지으신 것입니다. 마명보살께서도 염불하여 정토에 태어나길 구하셨습니다. 저 세계는 서방극락세계이고, 최후에 결정코 견불見佛, 아미타부처님을 친견합니다. 《화엄경》「보현행원품」에서는 십대원왕이 극락세계로 인도하여 돌아갑니다.

「중생이 부처님을 억념하면 현전에서 바로 친견하니, 이는 돈이다」, 우리들은 염불하여 마음이 청정할 때까지 염하고 마음이 간절할 때까지 염하면 부처님께서 현전하고 부처님을 친견하게 됩니다. 반드시 마음이 청정심에 이르도록 염하고 마음이 진성眞誠심에 이르도록 염해야 합니다. 이때 부처님을 친견하니 기쁘지 않겠습니까? 만약 부처님을 친견하여 기뻐서 어쩔 줄 몰라 하면 당신은 부처님을 친견하지 않았고 부처님께서도 현전하지 않으셨습니다. 왜냐하면 당신의 마음이 청정하지 않기 때문입니다. 부처님을 친견하여 매우 기쁘고 기뻐서 자만하여 우쭐거리면 부처님께서 면전에 있어도 그것은 부처가 아니고 마구니가 변한 것입니다.

지금까지 수행인은 한평생 여러 차례 부처님을 친견하였지만 한마디 말도 하지 않았고, 다른 사람에게 부처님을 친견하였다고 절대로 떠들지 않습니다. 친견하였지만 마치 친견하지 않은 듯이 마음속에 분별 집착이 없고, 바깥 경계에 전혀 영향 받지 않으면, 그의 마음은 삼매에 들고, 부처님께서 현전하셔서 자신에게 인증하여 주십니다. 경전에서 하신 말씀은 틀림이 없습니다. 단지 당신에게 인증하여 주실 뿐입니다. 현재 부처님을 친견하고, 임종시에 부처님께서 결정코 오셔서 접인하십니다. 염불인은 반드시 이러한 감응이 있습니다.

그러나 이 같은 감응이 현전하더라도 당신이 청정심을 유지하여야 합니다. 부처님을 친견하였다. 이것도 보았다 말하고, 저것도 보았다 말해서는 안됩니다. 그러면 완전히 틀렸습니다. 지금까지도 자신을 높이고 오만한 마음을 부려 마치 내가 수행을 하는 것처럼, 남에게 나 자신이 서상을 봤다고 말하지 않으면 마치 내가 공부를 하지 않았고 경계가 없는 것처럼 보여서, 보지 않았는데도 마치 본 것처럼 헛소문을 퍼뜨리고 사건을 일으켜 여기저기서 선전하면서 자신을 속이고 남을 속이며 체면치레를 하면 이는 잘못입니다. 이러한 마음 상태로 학불을 하면 오래지 않아 신경병적인 과보를 증득하고 처음에는 정신병원에 입원하고 이후에는 당연히 삼악도에 떨어집니다.

불문에서는 늘 마魔에 집착하면 내생에 반드시 삼악도에 떨어진다고 말합니다. 그래서 서상을 보더라도 말해서는 안됩니다. 고덕께서는 자신의 경계는 자신의 스승에게만 말하여 증명을 구할 수 있다고 하셨습니다. 진정한 대선지식은 경계를 말할 수는 있지만 이렇지 않은 사람은 결코 말해서는 안됩니다. 왜냐하면 염불은 법의 의지하지는 것이지 신통이나 감응에 의지하는 것이 아니기 때문입니다. 법은 경전입니다. 경전의 이론과 방법·경계에만 비추어 수행하면 됩니다. 그러나 신통·감응은 반드시 있습니다. 있더라도 그것에 의지하지 말고 뽐내지 말고 선양하지 말아야 합니다. 선양해야 할 것은 정법입니다. "법에 의지하되 사람에 의지하지 말고 뜻에 의지하되 말에 의지하지 말라(依法不依人 依義不依語).” 하셨습니다. 우리는 이 사의법四依法을 단단히 지켜야 합니다.

《불장경》에 이르시길, “**그릇된 각이 없고 삿된 관이 없음을 염불이라 하고, 망상이 없고 잡된 말이 없음을 염불이라 한다.**” 하셨습니다. 염불은 실제로 말하면 각覺이 있고 관觀이 있는데, 어떻게 무각무관無覺無觀으로 바뀝니까? 염불인은 생각이 있고 말이 있습니다. 억불이 생각이고 칭념이 말인데, 어떻게 생각이 없고 말이 없음으로 바뀝니까? 이 부분을 똑똑히 깨달아야 합니다. 글자만 보고 대강 뜻을 짐작하면 잘못입니다. 무각無覺은 그릇된 각이 없고 정각正覺이 있습니다. 무관無觀은 삿된 관이 없고, 정관正觀이 있습니다.

《관무량수경》의 말씀에 따르면 경전을 따르는 것이 정관이고 정관이 따르지 않는 것은 삿된 관이라고 똑똑히 말하고 있습니다. 그래서 이 경문에서는 망각이 없고 삿된 관이 없고, 정각이 있고 정관이 있으면 이것이 염불念佛이라고 말합니다. 무엇이 올바르고 무엇이 삿된가 하면 《정토오경일론》에 상응하면 정각이고 정관이며, 상응하지 않으면 잘못된 각이고 삿된 관입니다. 그래서 반드시 《정토오경일론》에 의지하여야 합니다.

무상無想은 망상이 없음이고, 무어無語는 잡된 말이 없고 잡스러운 마음으로 한담하는 일이 없습니다. 상想은 아미타부처님을 생각하는 것이고 혹은 경전의 경계를 생각하는 것입니다. 《대세지보살염불원통장》에서 말씀하시는 경계를 생각하고, 《무량수경》·《아미타경》·《관무량수경》의 경계를 생각하며, 십대원왕을 생각하면 이는 올바릅니다. 이로 인해 경전을 익숙하도록 염송해야 합니다. 익숙하도록 염송하여 언제나 서방극락세계의 의정장엄을 생각하면 상불想佛과 완전히 같습니다. 이 법문은 해와 행이 상응합니다. 실제로 행문에서 관상觀想이 가장 중요합니다. 마음속에 항상 부처님께서 계시고 항상 서방극락세계 의정장엄을 생각하면 이 경계가 현전할 것입니다.

하련거 거사께서는 《무량수경》을 회집하신 후 경전의 방법에 따라 수행하셨습니다. 그는 또한 《정수첩요淨修捷要》를 펴내셨는데, 이 책은 수행을 전문으로 강설합니다. 《정수첩요》는 선도대사의 가르침에 근거합니다. 선도대사께서 우리에게 가르쳐주신 수행방법은 전일하게 몸으로 아미타불을 예배하고, 입으로 아미타불을 칭념하며, 마음으로 아미타불을 생각합니다. 이를 삼업전수三業專修라 합니다. 이렇게 수행하면 일백 명의 사람이 닦아 일백 명의 사람이 왕생하고 만인이 닦아 만인이 간다고 하셨습니다.

하련거 거사께서는 선도대사의 이 뜻에 근거하여 《정수첩요》를 편집하였습니다. 여기는 총 32배 절을 합니다. 매번 절할 때 마다 나무아미타불을 세 번 입으로 칭념합니다. 그리고 매번 절할 때마다 《정토삼경일론》에 들어 있는 내용을 녹여서 모두 관상觀想합니다. 그래서 확실히 선도대사님의 법문에 따라 의규를 만들어 주셨습니다. 이 의규는 매우 간단하여 한 사람 한 사람 모두 쉽게 수행할 수 있습니다. 그는 서문에서 이 방법으로 닦으면 망상과 잡념이 현행하지 않는다 하셨습니다. 진정으로 여기서 말한 원통돈실圓通頓實을 달성할 수 있습니다. 그래서 이것이 무상무어無想無語입니다. 우리는 그 뜻을 잘못 이해해서는 안됩니다.

「마하반야운摩訶般若云」, 이는 바로 《대반야경》에서 말씀하신 것이다. 「보살마하살염불菩薩摩訶薩念佛」, 보살이 가리키는 것은 초발심에서 삼현위三賢位까지입니다. 이는 통칭通稱입니다. 마하살은 대보살로 특별히 가리키는 것은 지상보살이고, 초지에서 등각까지 11위차를 마하살이라 부릅니다. 이들 보살마하살은 염불함에 "**색으로써 염하지 않고, 수상행식으로써 염하지 않는다.**" 하셨습니다. 왜 그렇습니까? 색色·수受·상想·행行·식識은 간단히 말해서 진심眞心이 아닙니다. 조금 더 알기 쉽게 말하면 수상행식은 모두 노실老實하지 않습니다. 그래서 노실염불老實念佛에서 수상행식을 쓰지 않아야 노실입니다. **노실老實이란 진심眞心·성심誠心입니다.** 수상행식은 모두 진심이 아니고 성심이 아닙니다. 그래서 이는 노실하지 않습니다. 염불에 여전히 망상이 있는데 어찌 노실할 수 있겠습니까? 그래서 염불은 진심으로 염하고 성심으로 염해야 합니다. 그 감응은 무엇보다도 빠릅니다. 《아미타경》에서 **염불의 빠른 성취는 절대로 선禪과 밀密이 견줄 수 없는 것으로 혹 하루 내지 혹 칠일에 성취됩니다.** 선禪은 칠일에 성취할 수 있습니까? 밀密은 칠일에 성취할 수 있습니까?

성취할 수 없습니다. 오직 이 법문은 하루 내지 칠일에 성취할 수 있습니다. 그러나 진성심眞誠心으로만 성취할 수 있고 수상행식으로 염하면 칠일에도 성취할 수 없고 칠백일에도 성취할 수 없음을 알아야 합니다.

그러나 이 법문은 기타 법문에 견주어 같지 않습니다. 우리가 식심識心으로 염하고 수상행식의 마음으로 오래 염하여 일심에 이르도록 염할 수 있습니다. 만약 수상행식을 쓰지 않으면 확실히 일일 내지 칠일에 반드시 성취합니다. 수상행식으로 대략 2~3년 염하고, 3~5년 염하면 성취할 수 있습니다. 3~5년 성취는 수상행식의 마음으로 진성심에 이르도록 염한 것입니다. 바꾸어 말해서 진심이 현전할 수 없으면 성취할 수 없습니다. 우리가 진심을 배양하고 싶으면 수상행식의 마음을 멀리 여의어야 합니다. 수受란 고락苦樂·우희憂喜·사捨의 감수感受이고, 상想은 바로 분별심이며, 행行은 바로 집착심입니다. 이는 팔식八識 상에서 말하면 상想은 제6식이고, 행行은 제7식이며, 식識은 아뢰야식, 제8식이며, 수受는 전5식입니다. 그래서 우리는 8식을 떼어놓아야 합니다. 바꾸어 말하면 우리는 분별심이 없고 집착심이 없으면 성취할 수 있습니다. 우리의 육근이 일체 육진六塵에 접촉할 때 분별하지 않고 집착하지 않으면서 마음속으로 만법일여·만법평등을 구하면 이것이 진정한 공부입니다. 앞에서 말씀 드렸듯이 바깥 경계의 반연에 따라 변하지 않음이 진실한 공부입니다. 변하지 않음이란 바로 분별하지도 집착하지도 않고, 마음을 일으키지도, 생각을 움직이지도 않음입니다.

바깥 경계의 반연에 따르면서 항상 중생에 수순하여 공덕을 따라 기뻐함이 진심으로 이때 비로소 청정·평등·자비가 드러날 수 있습니다.

「제법의 자성이 공한 까닭에 지금 아울러 이를 드러낸다. 그래서 돈실이란 마땅히 배워야 하는 것이다」. 돈실頓實은 이 장경을 말할 뿐만 아니라 전체 정토의 교학이 모두 돈교이자 실교이고, 구경원만한 교법입니다. 그래서 천태오교에는 종교終教·돈교頓教·원교圓教가 있습니다. 정토법문은 이 종終·돈頓·원교圓教에 포섭되는 것으로 이는 우리가 응당 수학해야 하는 것입니다. 그래서 이를 어떻게 해서라도 우리에게 권면하십니다.

3. 수승한 이익을 인취하여 수행을 권하다(引取勝益勸修)

3-1

부처님 명호를 말하는 소리를 듣고 그 위덕 광명으로 다함없는 법문을 증득한다. 부처님 경계를 억념하고 덕운 비구는 수많은 법문으로 해탈을 얻었다.

聞說佛名、威光證入於無盡。憶想佛境、德雲解脫於多門。

문설聞說 사구는 첫째 인용하여 밝힘(引明)이다. 설불명說佛名이라 함은 《화엄경》에 이르시길, "승운불勝雲佛이 나타날 때 보화림寶華林에서 삼세 일체제불의 명호를 말하는 소리가 나왔고, 이때 저 여래께서는 대중이 모인 도량바다 가운데 보집일체삼세불자재법 수다라를 말씀하셨느니라." 하셨다. 입무진入無盡이라 함은 《화엄경》에 이르시길, "승운불께서 처소에서 일체제불 공덕륜삼매를 증득하고, 일체불법 보문다라니를 증득하셨으며, 일체제불 결정장엄성취해를 요지하시고, 무변불 현일체중생전신통해를 요지하며, 일체불력무외법을 요지하였느니라. 선안불善眼佛 처소에서 곧 염불삼매를 얻으니 무변해장문이라 이름한다. 이와 같은 등 일천법문을 빠짐없이 통달할 수 있느니라." 하셨다.

聞說四句、初引明。說佛名者、華嚴云。勝雲佛現時。寶華林中、出說三世一切諸佛名號音聲。時彼如來、於衆會中、說普集一切三世佛自在`法修多羅。入無盡者、華嚴云。勝雲佛所、證得一切諸佛功德輪三昧、證得一切佛法普門陀羅尼。了知一切佛決定解莊嚴成就海。了知無邊佛現一切衆生前神通海。了知一切佛力無畏法。於善眼佛所、卽得念佛三昧、名無邊海藏門。如是等十千法門、皆得通達。

「**문설불명**聞說佛名」, 이 4마디 말씀을 설명한 근거는 관정대사 자신의 생각이 아니라 《화엄경》의 뜻을 인용하신 것입니다. 「수다라」는 바로 경입니다. (보충; 「승운불勝雲佛」에서 승운은 이 부처님께서 출현하실 때 자비로운 구름이 두루 덮고 지혜가 윤택하며 광활 무변하다는 뜻입니다. 「수다라」는 경전을 강설하여 해탈을 얻도록 하심을 뜻합니다. 일체 삼세불께서 널리 모으신 자재법을 설하고 나아가 그 밖에 매우 많은 경장이 있어 듣기만 하면 마음을 따라 원을 만족하게 하십니다. 《화엄경강록》 3, 현도법사賢度法師)

「**위광증입어무진**威光證入於無盡」, 부처님 명호의 위덕 광명은 불가사의하여 단지 이 한마디 부처님 명호만 잘 염하기만 하면 됩니다. 일체 분별 · 집착 · 망상의 생각을 버리고 잘 염불하면 부처님 명호의 위덕 광명이 작용을 일으킵니다. 우리 마음속에 첫 번째 생각이 일어나도 괜찮습니다. 고인께서는 "망상이 일어나는 것을 두려워 말라. 깨달음이 늦을까 두려워할 뿐이라(不怕念起 只怕覺遲)." 하셨다. 두 번째 생각이 일어나면 아미타불로 바꾸십시오. 아미타불이 바로 깨달음입니다. 우리 자신이 반드시 주의를 기울여야 하는 것은 일체 생각·망상이 이어지게 해서는 안 된다는 점입니다. 망상이 없을 때는 염불하지 않아도 됩니다. 망상·잡념이 일어날 때는 반드시 염불해야 합니다. 왜 그렇습니까? 일체 망상·잡념은 육도윤회를 조성하기 때문입니다. 우리는 육도윤회를 벗어나고 싶습니다. 바꾸어 말하면 결코 이들 망상·잡념이 더 이상 있어서는 안 됩니다. 우리는 한 마음 한 뜻으로 서방정토에 태어나고 싶고 한 마음 한뜻으로 성불하고 싶습니다. 성불하는 제일의 묘법은 염불입니다. 그래서 응당 모든 일체 망상·잡념을 모두 다 아미타불로 바꾸면 됩니다. 아미타불이 바로 깨달음입니다.

우리는 언제나 봅니다. 염불할 때 일과가 끝나면 모두들 뒤에서 수군거립니다. 나는 어떤 경계이다 말하고, 나는 이렇다 말합니다. 이는 모두 잡념이고 잡담입니다. 왜 염불하지 않습니까? 우리의 망상·습기가 너무 많고 깊기 때문입니다. 각명묘행覺明妙行보살은 우리에게 훈계하시길, "**한마디 말은 적게 말하고 한마디 부처님 명호는 많이 염하라. 번뇌를 죽이면 그대의 법신이 살아나리라**(少說一句話 多念一句佛 打得念頭死 許汝法身活)." 하셨습니다. 이는 《서방확지西方確指》에서 각명묘행보살이 말씀하신 게송 한 수입니다. 왜 우리는 잡념 잡담에 휩쓸립니까? 우리는 시시각각 자신을 일깨우길 희망합니다. 부처님 명호의 효과로 당신은 비로소 알아차릴 수 있습니다. 염불은 확실히 당신을 도와서 번뇌를 조복시키고 번뇌를 끊을 수 있으며, 당신을 도와

마침내 지혜가 열려 명심견성明心見性할 수 있습니다. 특별히 《원통장》에서 말씀하시길, "방편을 빌리지 않고 저절로 자심이 열릴지니라(不假方便 自得心開)." 하셨습니다. 심개心開는 바로 명심견성 · 확철대오입니다. 이 한마디 부처님 명호는 다른 방법을 쓸 필요 없이 미묘하기 그지없고 지극히 미묘합니다.

부처님의 경계를 억념한다 함은 《화엄경》에 이르시길, "덕운 비구가 선재동자에게 이르길, 나는 오직 일체제불의 경계를 억념하여 지혜의 광명으로 두루 보는 법문을 얻을 뿐이다." 하셨다. 수많은 해탈이라 함은 《화엄경》에 이르시길, "이른바 지혜의 광명으로 널리 비추는 법문, 내지 허공에 머무는 염불문 등 21가지이다." 하셨다.

憶佛境者、華嚴云。德雲告善財言。善男子。我唯得此憶念一切諸佛境界智慧光明普見法門。多解脫者。華嚴云。所謂智光普照念佛門、乃至住虛空念佛門等、二十一種。

「억상불경憶想佛境 덕운해탈어타문德雲解脫於多門」. 이는 선재동자 53참입니다. 덕운 비구는 선재동자가 첫 번째 참방한 선지식으로 선재동자에게 염불을 가르치셨습니다. 그래서 53참에서 첫 번째 선지식이 선재동자에게 가르친 것은 염불법문입니다. 덕운 비구는 선재동자에게 말하길, "**선남자여, 나는 오직 일체제불의 경계를 억념하여 지혜의 광명으로 두루 보는 법문을 얻을**

뿐입니다." 하였습니다. 이것이 첫 번째로 염불법문을 가르치셨습니다. 선재동자의 53참 중에서 마지막 선지식은 보현보살입니다. 보현보살께서는 그에게 십대원왕은 극락으로 인도하여 돌아간다고 더욱 또렷하게 말씀하시고, 그에게 아미타불을 염하여 서방극락세계에 태어나길 구하라고 가르치십니다. 그래서 《화엄경》에서는 비록 2천여 법문을 강설하실지라도 문수보살·보현보살·선재동자가 이들 법문 중에서 선택한 것은 염불하여 정토에 태어나길 구하는 법문입니다. 말하자면 《대방광불화엄경》에서 제창하는 것은 염불정토법문입니다.

오늘날 밀종이 매우 성행한다고 말합니다. 그들은 길을 잘못 들었습니다. 진정한 밀이란 무엇입니까? 아미타불을 염해야 비로소 길을 정확히 들어섭니다. 밀종의 개산조사는 금강살타金剛薩埵보살, 금강수金剛手보살입니다. 용수보살은 철탑을 열어 금강살타보살을 친견하였습니다. 금강살타보살께서는 밀법을 용수보살에게 전수하여 주셨습니다. 금강살타보살은 바로 보현보살의 화신입니다. **지명염불持名念佛은 주문의 삼밀가지三密加持 방편보다 매우 빨리 증득합니다. 그 방법은 마魔에 홀리기 쉬우나 지명염불은 결코 마에 홀리지 않고 온당합니다!** 이러한 사실의 진상을 아는 사람은 많지 않습니다. 그래서 오늘날 불교를 배울 때 진정한 선지식을 만날 수 있으면 당신은 진정으로 선근복덕이 있습니다. 그러나 삿된 스승을 만나 애석하게 길을 잘못 들어서면 이번 생에 불법에서 성취할 수 없고, 왕왕 그 과보는 대단히 비참합니다. 우리는 응당 이를 깨달아야 합니다.

[보충] 인과에 두루 증입함, 제9회 《입법계품入法界品》은 화엄경 최후의 일분으로 증분證分에 속합니다. 선재동자에 의지해 53위 선지식을 참방하고 최후에 미륵보살의 누각에서 일진법계에 증입한다. 먼저 덕운 비구를 참방하여 염불법문을 수학하는데 이를 「억념일체제불경계지혜광명보견법문憶念一切諸佛境界智慧光明普見法門」이라 한다. 〈입법계품〉에 이르시길, 「지광보조염불문智光普照念佛門 · 영일체중생염불문令一切衆生念佛門 · 영안주력염불문令安住力念佛門 · 영안주법염불문令安住法念佛門 · 조요제방염불문照耀諸方念佛門 · 입불가견처염불문入不可見處念佛門 · 주어제겁염불문住於諸劫念佛門 · 주일체시염불문住一切時念佛門 · 주일체찰염불문住一切刹念佛門 · 주일체세염불문住一切世念佛門 · 주일체경염불문住一切境念佛門 · 주적멸염불문住寂滅念佛門 · 주원리염불문住遠離念佛門 · 주광대염불문住廣大念佛門 · 주미세염불문住微細念佛門 · 주장엄염불문住莊嚴念佛門 · 주능사염불문住能事念佛門 · 주자재심염불문住自在心念佛門 · 주자재업염불문住自在業念佛門 · 주신변염불문住神變念佛門 · 주허공염불문住虛空念佛門.」《화엄정토사상과 염불법문》, 현도법사賢度法師

3-2

이러한 수승한 이익이 있으므로 응당 믿고 행해야 하니, 어떻게 자심을 해치고 자심을 버리며, 발원하지 않고 수행하지

않는가!

有此勝益、應當信行。何得自暴自棄、不願不修耶。

「유차有此」 이하는 둘째 권수로 맺음(結勸)으로 둘이 있다. 처음은 정권正勸으로 모든 나머지 법문은 얕으면 상근은 가피하지 못하고, 깊으면 하근은 연분이 다한다.

有此下、二結勸、二。初正勸。諸餘法門、淺則上根不被、深則下根絕分。

불원不願은 바로 기꺼이 발원하여 왕생을 구하지 않고 기꺼이 염불하여 이 법문을 닦으려 하지 않는다는 뜻입니다. 이 4구는 우리에게 권면하는 것입니다. 주해에서는 매우 상세히 주석합니다. 이 절은 불학에서 중요한 상식입니다. 「유차 이하」는 바로 이러한 수승한 이익이 있음입니다. 이는 「결권結勸」입니다. 4구에서 앞 2구는 「정권正勸」이고 뒤 2구는 「결책結責」입니다. 「제여법문諸餘法門」은 나머지 정토 이외의 팔만사천 법문을 말합니다. 혹은 사홍서원에서 말하는 무량법문입니다.

「천즉상근불피淺則上根不被」, 여기서 「피被」는 바로 가피加披입니다. 법문에는 얕은 법문도 있고 깊은 법문도 있는데 얕으면 상근을 가피할 수 없습니다. 「심즉하근절분深則下根絕分」, 예를 들면 침신이니 《법회경》, 《회엄경》처럼 하근의 사람은 수하할 수 없습니다.

오직 이 일법은 이근과 둔근을 아울러 섭수한다.

唯此一法、利鈍兼收。

이는 바로 정토지명염불 방법을 말합니다. 이근은 상근을 말하고 둔근은 하근을 말합니다. 상등은 등각보살에 이르고 하근은 지옥중생에 이르는데, 이들을 모두 제도할 수 있습니다. 이래야 부처님께서 중생을 제도하시는 불가사의를 봅니다. 불문에서는 언제나 부처님께서 만덕만능하시다고 찬탄합니다. 교학을 닦는 사람은 만덕만능이란 부처님에 대한 칭찬은 진실이 아니고 부처님도 할 수 없는 것이 있고 결코 진정한 만덕만능이 아니라고 말합니다. 우리가 이 말을 갑자기 들으면 일리가 있다고 느끼지만, 실제로는 그렇지 않습니다. 부처님께서는 확실히 만덕만능하십니다. 이 말은 찬탄으로 한 말이 아닙니다.

여러분은 부처님이 한 사람을 가리키는 것이 아님을 알아야 합니다. 부처님이란 글자의 본의를 또렷이 인식해야 합니다. 부처님은 자신의 심성으로 마음을 밝혀 견성하면 성불합니다. 그래서 **부처님의 만덕만능은 우리 심성의 만덕만능**이라는 말입니다. 만약 우리의 심성이 현현하면 그 작용은 확실히 만덕만능입니다. 이는 찬탄하는 말이 아니라 진실입니다. 부처님께서는 지옥의 중생을 바로 성불시킬 수 있는 능력이 있습니까? 정토경전을 살펴보면 확실히 이와 같아 중죄로 지옥에 떨어져야 하는 사람도 지옥에 떨어지지 않고 즉시 성불할 수 있다고 하니

할 말이 없습니다.

이러한 이론·방법·교의는 오직 홀로 정토에서 완전히 말하고 상세하게 말하고 있습니다. 왜 다른 경전에서는 이렇게 상세하게 말한 것이 없습니까? 다른 경전의 이론·방법은 중생을 섭수하는 근성이 서로 다르기 때문입니다. 몇몇 경전은 상근의 사람만 전문적으로 섭수하고 하근의 사람은 연분이 없습니다. 육조 혜능대사의 어록인 《육조단경》에서 그가 접인하는 중생은 상상근기의 사람입니다. 바꾸어 말하면 상상근기의 사람만이 그에게 배우는 것이 쓸모가 있고, 상근 이하의 사람은 모두 쓸모가 없고 이익을 얻을 수 없습니다. 《단경》에서는 북전北傳의 한 갈래를 말하고 있습니다. 북전은 오조 홍인대사의 법을 북방에 전한 신수神秀입니다. 그가 접인하는 대상은 대승근기의 사람이고 육조는 상상근기의 사람입니다. 이렇듯 이 두 사람의 접인 대상은 서로 다릅니다. 바꾸어 말하면 인천승·성문승·연각성은 모두 섭수하지 못합니다. 이 경과 달리 정토경전은 어떤 근성이든 모두 다 섭수하고 평등하게 성취합니다. 이 불가사의한 뜻은 모두 《무량수경》에 있습니다. 그래서 《무량수경》은 독송하지 않을 수 없습니다.

우리가 학불하면서 진정으로 발심하여 장래 불법을 전홍專弘하고 정토를 전수專修하려면 《정토오경》을 반드시 암송할 수 있어야 합니다. 우리는 매일 독송합니다. 저는 최소한 일천 편 이상 독송해야 한다고 생각합니다. 많이 독송할수록 좋습니다. 여러분은 독경의 작용이 불가사의함을 알아야 합니다. 요즘 사람들은 책을 암송하라고 하면 놀라서 어쩔 줄 몰라 하며 책을 암송하지 않으려고 합니다. 이는 매우 큰 잘못입니다. 경전을 암송하는 것은 계정혜 삼학을 닦는 방법이고 대단히 좋은 방법입니다. 옛날 사원총림에 갓 출가한 학인은 「5년학계五年學戒」로 출가하고 삭발하고서 5년 동안 《사미율의沙彌律儀》 십조계 24문 위의를 전부 실천하였습니다. 말하자면 출가인의 생활은 5년계학으로 불문에 진입하는 생활교육을 이수하였습니다. 5년간 신입생으로 훈련을 받은 후 비로소 비구계 비구니계 보살계를 받을 자격이 생겼습니다. 5년 이내에는 단지 사미일 뿐으로 출가인의 생활을 배우는 이외에 독경을 합니다. 사원총림에서는 말마다 경전 강설을 하나, 그는 청경할 자격이 없고, 선당문에 들어갈 자격이 없습니다. 《육조단경》을 보면 육조대사는 황매에 와서 8개월 머물렀는데 5년이 되지 않아 선당에 들어갈 자격이 없었습니다. 선당에 가려면 5년을 채워야 합니다. 염불당도 이와 같아 5년을 채우지 못하면 염불당으로 나아갈 수 없습니다.

5년 동안 경전을 암송합니다. 어느 종이든 그 종의 경전이 있습니다. 예를 들면 현수종賢首宗에서는 근본경인 《화엄경》을 암송해야 합니다. 천태종은 《법화경》을 근본으로 삼습니다. 법화경을 암송해야 할 뿐만 아니라 법화삼대부도 모두 암송할 수 있어야 합니다. 법화삼대부는 《법화현의석잠法華玄義釋籤》,

《법화경문구法華經文句》 그리고 법화종의 수행방법인 《마하지관摩訶止觀》이 있습니다. 이 삼대부를 5년동안 반드시 암송해야 했습니다. 왜냐하면 종전에는 인쇄술이 발달되지 않아 책이 없었습니다. 한 사원에 적어도 수백 명이 머물렀고, 많을 때는 2, 3천명의 사람이 머물렀는데 어디에 그렇게 많은 책이 있었겠습니까! 법사가 법좌에 올라 강경을 하는데 책이 없고 청중도 책이 없었습니다. 그래서 모두 능숙하게 암송해야 들을 자격이 있었습니다. 그래서 한 문에 들어가려면 먼저 경전을 암송하여야 경전 없이 강경하고 청경할 수 있었습니다. 현재는 인쇄술이 크게 발전되어 모두 볼 수 있는 책이 있습니다.

암송의 좋은 점은 선정을 닦음에 있습니다. 날마다 경전을 암송하면 마음속은 한 가지 일만 생각하여 마음은 선정에 들고 선정이 오래되면 지혜가 열립니다. 그래서 고덕께서는 한평생 한 경전을 매우 많이 독송하였습니다. 《육조단경》을 예로 들면 무진장 비구니가 한평생 수지한 것은 《열반경》이고 한평생 《대열반경》을 염송한 것을 볼 수 있습니다. 육조대사께서 그녀에게 강해講解를 해주자 그녀는 깨달음이 열렸고 명심견성하였습니다. 법달法達선사께서는 《법화경》을 3천여 편 염송하셨습니다. 《법화경》은 상당히 길어서 하루 한 부를 염송하면 3천여 부는 십년이 걸립니다. 경전 한 권을 십년 염송한 것입니다. 그가 와서 육조대사께 절을 하였는데, 머리를 땅에 대지 않고 절을 하였습니다. 대사께서 보기에는 오만하였습니다. 절을 하고 일어난 후 그에게 물었습니다. 법달선사는 마음속에 반드시 자부할만한 것이 있다고 느껴서 머리를 땅에 대지 않고 절하였다고 말했습니다. 그는 《법화경》을 3천 부 염송했다고 말했습니다. 이것은 정말 자부할 만합니다. 육조대사께서는 그에게 《법화경》의 대의를 물었는데 그는 몰라서 말하지 못했습니다. 육조에게 가르침을 청하였습니다. 육조대사께서는 말씀하시길, "나는 법화경을 염송한 적이 없소. 나는 글자를 몰라서 경전을 보지 못하오. 내가 들을 수 있도록 《법화경》을 처음부터 끝까지 한번 염송해주시오" 하셨습니다. 그가 「방편품」을 염송하자 육조대사께서 듣고 "좋소. 더 염송하지 않아도 이 경전의 뜻을 나는 모두 분명히 알겠소." 하셨습니다. 그에게 강설해주자 그는 듣고서 깨달음이 열렸습니다.

우리가 오늘 이 경을 당신에게 강설하여 들려주는데, 당신은 왜 깨닫지 못합니까? 3천 편 염송한 적이 없기 때문입니다. 당신이 3천 편 염송하였다면 여기서 한번 듣고 깨달을 것입니다. 독경은 중요합니다. 반드시 많이 염송하여야 합니다. 새 것을 좋아하고 헌 것을 싫어해서는 안 됩니다. 한 경전을 줄곧 염송해야 결정코 성공할 수 있습니다. 이것도 배우고 저것도 배우고 싶어 해서는 안 됩니다. 그러면 해칩니다.

고인께서는 《대장경》을 10개 종파로 나누었습니다. 만약이 종파마다 모두 배운다면 당신은 실패할 것입니다. 그래서 한 종파를 배워야 진정으로 빨리 성취할 수 있습니다. 한 종파에서도 한 경전을 깊이 들어가야 합니다. 고덕께서 수많은 깨달음을 이룬 것은 모두 한 경전을 거의 십년간 염송하였기 때문입니다.

당신이 10년 동안 하루에 경전을 한번 염송한다면 결정코 깨달음이 열릴 것입니다. 이것이 비결입니다.

진정으로 성취가 있고 싶다면 일문에 깊이 들어가 한 경전을 호되게 공부해야 합니다. 한 경전을 독송하면서 이 경전은 무슨 뜻인가, 어떻게 강해할 것인가? 이해를 구할 필요가 없습니다. 왜냐하면 독경은 선정을 닦는 것이므로 망념이 매우 많으면 독경할 때 정신을 온통 독송에 집중하여도 망상을 떨어내지 못합니다. 마음속으로 허튼 생각을 하지 않고 산란하지 않아야 선정을 닦음입니다. 독송, 이 방법으로 선정을 오래 닦으면 저절로 깨달음이 열립니다. 그래서 가장 중요한 것은 줄곧 염송하는 것입니다. 당신 스스로 얼마나 아는지 계산하며, 구하지 마십시오, 단지 마음이 청정하길 구하고, 마음에 망상과 잡념이 없길 구하십시오. 경전 염송의 목적은 경전의 이치를 알아야 하는 것에 있지 않고 이 방법을 가지고 망상·잡념을 대치하여 줄여나가다 보면 저절로 이 뜻을 갈수록 많이 알게 되고 연구를 하지 않아도 저절로 알게 됩니다.

현재 이 마음의 물에는 물결이 일어 혼탁할 뿐만 아니라 큰 바람, 큰 물결이 일어 비추는 작용을 잃어 버렸습니다. 물이 청정하여야 물은 거울처럼 바깥 일체의 현상을 모두 또렷하게 비출 수 있습니다. 이를 조견照見이라 합니다. 선정에 들어서야 조견할 수 있습니다. 조견하면 진정으로 지혜가 생겨 경전에 담긴 모든 뜻이 명료해지고 모두 통달할 수 있습니다. 이런 능력은 본래 갖추고 있는 것으로 바깥에서 얻는 것이 아닙니다.

오늘 중요한 일은 어떻게 우리 마음의 물을 평온하도록 회복하는 것입니다. 이것이 공부입니다. 그래서 수행의 목적은 선정을 구함에 있습니다. 선정을 구함은 불법수행에 있어 최고의 원리 원칙입니다. 이른바 팔만사천 무량법문이 방법이고 문도입니다. 방법은 많지만 목표는 하나입니다. 예를 들면 정토종은 바로 염불, 이 방법으로 선정을 닦아서 염불삼매를 이루는 것입니다.

독경도 한 가지 방법입니다. 우리가 정토의 오경을 독송하여 구하는 목표도 염불삼매입니다. 이 사실진상을 알아야 기꺼이 염송하고, 이렇게 염송해야 흥미가 있고 심득이 있습니다. 심득은 많이 염송하여 많이 아는 것이 아니라 망상과 잡념이 염할수록 줄어들고 청정해짐이 심득입니다. 만약 당신이 경전을 염송하면서 이 문구는 어떻게 강설할 것인지, 이 단락은 무슨 뜻인지 생각한다면 이것은 망상으로 결국 해치고 망칩니다. 그것은 심득이 아닙니다. 그래서 불법은 세간법과 다릅니다. 결코 세간의 방법으로 불법을 공부해서는 안됩니다. 왜냐하면 불법이 구하는 것은 청정심이고 선정이기 때문입니다. 세간법은 「학문을 하면 날마다 늘어간다(爲學日益)」 합니다. 그것은 지식을 말하고 학술을 말하며, 많이 알 수록 좋습니다. 불법은 도를 닦는 것입니다. 도는 마음입니다, "도를 닦으면 날마다 줄어든다(爲道要日損)." 줄어드는 것은 망상이고 잡념입니다. 그래서 학문을 함(爲學)과 도를 닦음(爲道)은 목표가 다릅니다, 학불의 심득은 바로 심지청정 평등입니다, 날이 갈수록 청정해지고 날이 갈

수록 평등해지며 날이 갈 수록 망상 · 잡념이 줄어들고 날이 갈 수록 분별 · 집착이 줄어들도록 이렇게 학불하면 진정으로 득력이 있습니다. 이것이 공부이고 이것이 성덕性德입니다.

비록 경전에 뜻이 없을지라도 그것이 작용을 일으킬 때 경전의 한 글자 한 글자마다 한 문구 한 문구마다 무량한 뜻이 있어 하루 종일 말해도 다 말하지 못하고 일년 일겁을 말해도 다 말하지 못합니다, 이렇게 미묘합니다! 왜냐하면 경전에 뜻이 없어야 살아 있고 무량한 뜻이 담겨 있기 때문입니다. 무량한 뜻은 배울 수 없습니다. 그래서 근본 상에서 뜻이 없음을 배우고 무지를 배우면 작용이 일어날 때 반야무지般若無知 무소부지無所不知입니다. 부처님의 경전에는 뜻이 없지만 작용을 일으킬 때 무량의無量義입니다.

그래서 우리는 불경을 볼 때 공경심 · 진성심으로 보아야 합니다. 성실하고 간절하게 염송하고 노실하게 염송하여 오래 염할 때, 누군가 이 문구가 어떤 뜻인가 물으면 당신은 저절로 답할 수 있고 저절로 수많은 뜻을 강해할 수 있습니다. 강경을 하고 나면 당신 스스로 뜻이 어디서 왔는지 몰라서 기이하다 느낄 것입니다. 이렇게 기꺼이 공부해야 경계에 들어간 후 저절로 무량의를 체득할 수 있고 흥미가 무궁할 것입니다. 염송할 수록 매번 새로운 뜻이 생기고 새롭게 깨닫습니다. 독송하는 순간 새로운 뜻이 생겨납니다. 이는 자성광명이 드러난 것입니다. 오래 염송하기만 하면 이러한 지혜광명이 끊임없이 바깥으로 흘러나옵니다. 우리는 불법을 수학하는 태도를 또렷이 인식하여야 합니다. 세간법의 방법으로 불법을 연구해서는 안됩니다.

고덕께서는 암송으로 공부를 시작하셨습니다. 저는 한 분을 단 한 차례 만난 적이 있습니다. 그분은 10년 전 1978년에 왕생하셨습니다. 1977년 홍콩에서 해인海仁 노화상을 만났는데 그때 그는 90여 세였습니다. 그는 한평생 《능엄경》을 전홍하셨는데, 홍콩에서 수능엄왕이라 불렸습니다. 저는 홍콩에서 《능엄경》을 강설하였는데 기회가 생겨 그를 만나 《능엄경》에 대해 법담을 나누었습니다. 그는 홍콩에 단지 6명의 학생만 있을 정도로 문이 높았습니다. 그래서 그의 학생이 되고 싶었으나 그가 받아들이지 않았습니다. 학생이 되기 위해서는 능엄경을 처음부터 끝까지 암송해야 합니다. 《능엄경》을 암송할 뿐만 아니라 주해서도 암송해야 했습니다. 그가 선택한 주해서는 우익대사님의 《능엄경문구楞嚴經文句》입니다. 경문과 주해서를 선장본線裝本 10권으로 합쳤는데 이를 모두 암송해야 학생으로 받아들였습니다. 그래서 그의 학생은 단지 6명으로 이 사람들은 모두 성취가 있었습니다.

이는 중국 옛 스승님들의 교학법입니다. 이분은 학생에게 경전을 암송해야 한다고 가르쳤습니다. 이는 고대 오년학계五年學戒의 의의와 같습니다. 염송하지 못하면 방청생에 불과하고 정식 학생은 아닙니다. 그래서 저는 젊은 동수분들에게 경전을 암송하라고 격려합니다. 힘써 암송하려고 하지 않아도 날마다 경전을 처음부터 끝까지 한 편 염송하여 3년 동안 염송하면 무르익어서 저절로 암송이 됩니다. 10년간 염송하면 선정을 얻을 수 있고 깨칠 수도 있습니다.

다른 종파는 경론의 분량이 매우 많은데 비해 정토경론은 문자가 그리 많지 않습니다. 《정토오경일론》을 합쳐도 《법화경》 만큼 많지 않습니다. 《무량수경》만 2권이고, 《아미타경》 1권, 《관무량수경》 1권으로 이것이 정토삼부경입니다. 《보현행원품》도 단 1권이고 《대세지염불원통장》은 단지 1페이지입니다. 그래서 오경일론은 모두 합쳐서 독송해야 합니다. 왜냐하면 매 경전마다 특색이 있어서 전체를 합쳐서 독송 연구하면 정토법문의 이사理事·인과因果·연기緣起를 모두 또렷이 알 수 있습니다. 그래서 정토를 닦으면 반드시 오경일론을 독송해야 하고 암송을 하면 가장 좋습니다. 만약 긴 것이 싫으면 그 중에 한 가지를 선택해 암송하여도 모두 결정코 성취가 있습니다.

물속 맑은 구슬처럼 곳곳마다 이익이므로 응당 믿고 받아들여 행지할지라. 염불은 벼(穀)를 심는 것과 같고 자심自心은 논(家田)과 같다.

如水清珠、到處便益。故當信受行持。念佛如種穀、自心如家田。

물속 맑은 구슬은 보배구슬로 물이 혼탁할 때 이 구슬을 물속에 넣으면 물속 침전물이 저절로 가라앉아 물이 맑아집니다. 이는 우리 범부의 마음을 혼탁하여 맑지 않음에 비유하고, 부처님 명호를 물속 맑은 구슬에 비유하여 우리가 언제나 염불하면 마음이 청정해짐을 말합니다.

그래서 우리가 청정한 마음을 얻고 싶고 망념 · 망상 · 번뇌를 끊고 싶다면 반드시 이 법문을 수학하여 응당 믿고, 응당 받아들이며, 응당 받들어 행해야 합니다. 곡穀은 바로 벼로서, 이를 비유로 삼아 벼를 심는 것 같다고 하였습니다. 벼를 심으려면 당연히 논에 심어야 함을 비유해, 염불은 벼를 심는 것과 같이 자심自心의 밭에 심어야 합니다. 이는 염불하려면 자심에 이르도록 염해야 한다는 말입니다. 벼를 믿고 논에 심어야 장래 결정코 벼가 자라서 쌀이 나오듯이 반드시 염불에 대해 신심이 있어야 합니다.

믿음은 이 종자를 심어 반드시 벼를 이루는 것과 같다. 발원은 이 좋은 종자를 알아 일심으로 벼를 구함과 같다. 행은 기쁜 마음으로 벼를 구하여 경작을 하고 김을 매는 일을 함과 같다.

信如信栽此種、定得成穀。願如知此佳種、一心求穀。行如欣求得穀、作耕耨事

이는 신원행을 말합니다. 정토종의 세 가지 중요한 조건으로 삼자량三資糧이라 합니다. 우리는 염불하여 결정코 성불함을 믿어야 하고, 반드시 정토에 태어나 반드시 부처님을 친견하겠다고 발원하며, 명호를 집지해야 합니다.

명호를 염하는 것은 당연히 많을수록 좋습니다. 그러나 고래로 조사·대덕께서는 염불은 반드시 염불 수량이 많음에 있는 것이 아니라고 말씀하셨습니다. 이는 매우 일리 있는 말씀이지만, 반드시 부처님 명호를 구하는 효과를 말해야 합니다. 바꾸어 말하면 부처님 명호를 하루에 십만 번 소리내어 염할지라도 마음속에 여전히 망상이 있으면 이 부처님 명호를 아무리 많이 염불해도 쓸모가 없습니다.

옛사람들은 비웃으며 말하길, "목청이 터지게 고함을 질러도 소용없다." 하였습니다. 반드시 마음이 청정할 때까지 염해야 합니다. 만약 진정으로 염불하여 마음이 청정하면 하루 몇 마디 부처님 명호를 염해도 모두 불가사의하고 그 공덕은 매우 큽니다. 그러나 염불할 때 마음이 청정하지 않으면 아무리 많이 염불해도 쓸모가 없습니다. 당연히 마음이 청정한 이상 많이 염불할수록 좋습니다. 우리는 이러한 이치를 알아야 합니다. 이 방법으로 염불하여 산란한 마음을 대치하고 망상 잡념을 대치하며, 이렇게 염불하여 동시에 서방극락세계 아미타부처님과 감응도교를 얻으니, 이를 자력·타력의 이력법문二力法門이라 합니다.

「하득何得」 이하는 둘째 결책結責이다. 십계인과는 모두 유심

唯心이 나타난 것이다.

何得下、二結責。十界因果、皆唯心現

이 단락은 「어떻게 자심을 해치고 자심을 버리며, 발원하지 않고 수행하지 않는가」, 이 2구를 해석한 것으로 「결책結責」입니다. 책責은 꾸짖는 말입니다. 이 단락의 뜻은 매우 좋습니다. 우리에게 십법계의 인과를 설명해 주므로 우리는 분명히 알아야 합니다. 십법계의 인과를 알면 우리 자신이 어떠한 과보를 얻길 희망하고, 현재는 어떠한 인행因行을 닦아야 하는지 우리 마음 속에 다 생각이 있게 마련입니다. 인과 과는 결정코 상응하고 인연 · 과보는 결정코 틀릴 수가 없습니다. 내가 악인惡因을 짓고도 선과善果를 얻고 싶다면 이는 말이 안 통합니다. 내가 오늘 선인善因을 닦고도 장래에 과보가 좋지 않는 이런 일은 없습니다. 그래서 아래 단락에서는 십법계의 인과를 말씀해주십니다.

「십계의 인과는 모두 유심이 나타난 것이다」, 이 일구는 총설總說로 십법계 인과는 모두 자기의 마음이 변하여 나타난 것입니다. 이는 《화엄경》에서 말씀하신 「유심소현唯心所現, 유식소변唯識所變」과 같습니다. 《화엄경》에서 말씀하시길, "**응당 법계의 본체를 관하면 일체는 오직 마음이 지은 것이다**(應觀法界性 一切唯心造)." 하셨습니다. 십법계의 본체는 심성입니다. 아래 10구에서는 《관무량수경》의 「시심작불是心作佛」을 구체적으로 설명합니다.

만약 일념의 마음이 성냄과 삿된 음행이면 곧 지옥계이고, 인색하고 탐하여 베풀지 않으면 곧 아귀계이며, 어리석음으로 깜깜하게 가리면 곧 축생계이며, 아만으로 자신을 높이면 곧 수라계이다.

若一念心、瞋恚邪婬、卽地獄界。慳貪不施、卽餓鬼界。愚癡暗蔽、卽畜生界。我慢貢高、卽修羅界。

언제나 마음속으로 생각하는 것은 탐진치입니다. 삿된 음행은 탐욕에 속합니다. 이는 지옥의 인因입니다. 이 같은 마음상태가 매우 무겁다고 말한다면 장래 감득하는 과보는 지옥입니다. 끊임없이 명성과 오욕을 탐하고 구하여서 자신은 이미 얻었지만 보시하지 않고 다른 사람과 나누려고 하지 않습니다. 얻은 것이 없다면 하루 종일 망상을 지어 얻기를 희망하고 탐하여 구합니다. 이러한 마음상태로 이러한 업인을 지으면 과보는 아귀입니다.

이따금 세상 사람들은 사람이 죽으면 귀신이 된다고 말합니다. 그러나 실제로는 법계는 전부 십법계입니다. 육도로 말하자면 아귀도를 제외하고 나머지는 오도가 있는데, 어찌 그런 말을 할 수 있겠습니까? 인색함과 탐심이 무거운 사람은 대다수를 차지하는데, 이 같은 업인이 초래하는 과보는 바로 아귀도입니다. 축생도는 어리석어서 진망眞妄·사정邪正·시비是非·선악善惡·이해利害를 모두 똑똑히 판별할 수 없어 이따금 삿된 법이 정법이 되기도 합니다. 이것이 어리석음(愚痴)입니다. 이러한 어리석음으로 업인을 지으면 그 과보는 축생입니다.

아만으로 자신을 높이는 이런 업인을 지으면 그 과보는 바로 아수라입니다. 그가 닦은 복보가 아무리 클지라도 그는 수라도에 떨어집니다. 수라의 성격은 자신을 높이는 아만심으로 싸우길 좋아합니다. 다른 사람에 대해 싸우지 않으면 자신과 싸워서 그의 마음은 안정될 수 없습니다. 바꾸어 말하면 진한瞋恨, 번뇌가 특별히 무겁습니다.

오계를 굳게 지키면 곧 인법계人法界이다.

堅持五戒、卽人法界。

오계五戒가 인이면 인법계人法界가 과보입니다. 반드시 오계를 굳게 지켜야 사람 몸을 잃지 않고 내생에도 사람 몸을 얻습니다. 오계를 엄격히 준수해야 합니다. 이 세상사람 중에서 몇 사람이 오계를 잘 지키고 있습니까? 오계를 모르는 사람뿐만 아니라 오계를 받은 사람도 실천하고 있습니까? 이는 정말 답하기 쉽지 않습니다.

오계 중에서 불살생不殺生은 우리 중 몇 사람이나 실천하고 있습니까? 살인을 하지 않는 것은 대개 실천할 수 있지만, 모기 개미를 죽이지 않는 것은 실천하기 쉽지 않습니다. 그래서 이 계율은 비록 지키더라도 청정하지 않습니다! 불투도不偷盜도 실천할 수 있습니다. 남의 돈을 훔치지 않는 것은 대개 실천할 수 있지만, 다른 사람의 작은 이익을 차지하는 것은 면하기 어렵습니다. 예를 들어 장사를 할 때 세금을 조금 적게 낸다면 이것은 나라 재정을 훔치는 도둑질입니다. 공공기관에서 일을 하면서 이따금 남의 편지지, 봉투를 가져와서 편지를 씁니다. 그것은 사람들이 사무를 보는 물건으로 우리가 사적인 용도로 가지고 오면, 그것도 도둑질입니다. 이는 면하기 어렵습니다. 그래서 사소한 것도 훔치지 않는 것은 실천하기 쉽지 않습니다. 다른 사람의 이익을 조금이라도 차지하려는 마음이 있다면, 이 마음은 바로 도둑질이고, 자신이 손해를 보지 않고, 남의 이익을 차지하려고 하면 청정하게 실천하기 어렵습니다.

불사음不邪淫·불망어不妄語·불음주不飮酒도 우리가 자세히 생각해보면 얼마나 실천하고 있습니까? 오계를 지킴에 있어 60%를 지킬 수 있어야 합격할 수 있고, 60점 미만이면 안됩니다. 내생에 사람 몸을 여전히 지킬 수 없습니다. 이로써 오계를 지키는 것이 쉽지 않음을 알 수 있습니다. 오계를 청정히 지켜야 사람 몸을 얻을 수 있습니다.

순수하게 십선업도를 닦으면 곧 천법계天法界이다.

精修十善，卽天法界。

정精은 정순精純으로 순수하며 뒤섞지 않는다는 뜻입니다. 십선업도는 오계의 범위보다 큽니다. 몸으로는 살생하지 않고 삿된 음행을 하지 않으며 도둑질을 하지 않음으로, 이는 몸의 삼업입니다. 입으로는 사업이 있으니, 거짓말 하지 않고 (시비) 이간질하는 말을 하지 않으며, 거친 말을 하지 않고, (남을 속이는) 달콤한 말을 하지 않습니다. 이는 매우 어렵습니다. 현재의 춤과 연극은 불법의 안목에서 보면 모두 달콤한 말로 사람을 유혹하는데 있습니다. 젊은 사람을 유혹하여 살생 · 도둑질 · 음란한 행위 · 거짓말을 하도록 만드는 것은 모두 달콤한 말로 그는 인과의 책임을 져야 합니다. 의意, 마음속으로는 탐하지 않고 성내지 않으며 어리석지 않습니다. 십선업도를 순수하게 닦아야 천상에 태어날 수 있습니다. 천계에는 28층의 천이 있는데, 크게 세 가지로 분류됩니다. 즉 욕계천 · 색계천 · 무색계천입니다. 간단히 말해 십선을 정수하여 태어나는 천계는 단지 욕계천에 태어날 수 있을 뿐입니다. 색계천은 십선을 닦아도 안 되고 선정을 닦고 무량심을 닦아야 색계18층천에 태어날 수 있습니다. 무색계천은 사선팔정四禪八定이라는 무색계정無色界定과 사무량심을 닦아야 태어날 수 있습니다. 그래서 이들 인과는 모두 또렷해야 합니다.

인아人我가 공함을 증득하면 곧 성문계이고, 십이인연을 관해 성품이 공함을 알아 여의면 곧 연각계이다. 육도를 다 같이

닦으면 곧 보살계이고, 진성 · 자비 · 평등을 닦으면 곧 불법계이다.

證悟人空、卽聲聞界。知緣性離、卽緣覺界。六度齊修、卽菩薩界。眞慈平等、卽佛法界。

소승의 아라한은 견사見思번뇌를 다 끊어 인아人我가 공함을 증득하여 더 이상 유아有我를 집착하지 않고 아집을 타파하였습니다. 이들은 삼계를 뛰어넘고 육도윤회를 뛰어넘어서 우리는 통상 아라한이라 부릅니다. 연각도 소승이지만 아라한보다 한 단계 높고 일체만법의 연기를 압니다. 그래서 십이인연을 닦아 삼세의 인과를 또렷이 압니다. (십이인연을 관하여 자성이 공한 이치를 깨닫습니다.) 그래서 연緣을 끊을 수 있습니다. 삼세에는 인이 있고 연이 있습니다. 인은 끊을 방법이 없으나 연은 끊을 수 있습니다. 그는 삼계를 뛰어넘을 수 있어 연각입니다. 우리는 벽지불이라 부릅니다. 육도六度는 보시 · 지계 · 인욕 · 정진 · 선정 · 반야로 이를 다 같이 닦으면 보살입니다. 진성眞誠 · 자비慈悲 · 평등平等 이는 불법계입니다. (진자평등眞慈平等은 진심이고 평등으로 경전에서 말하는 「진여본성眞如本性」입니다. 부처님께서 닦으신 것은 진성 · 자비 · 평등입니다. 진자평등은 성불의 인입니다. 우리가 성불하고 싶으면 심량을 개척하여 진자평등을 닦아야 합니다.)

그래서 이 10구에서 매 구마다 앞은 인이고 뒤는 과임을 똑똑히 기억해야 합니다. 어떠한 과보를 얻길 희망하면 반드시 인을 닦아야 합니다. 인과는 반드시 상응합니다.

지금 이 장경에서 염불을 가르침은 사람으로 하여금 나의 자심을 염하여 나의 자심불을 이루게 함이니, 어떻게 자심불을 버리고 홀로 부처님께서 가르치시겠는가.

今此教念佛者、欲人念我自心、成我自佛。云何捨自心佛。孤佛教耶。

이 가르침은 《대세지원통장》으로 그것은 우리에게 염불을 가르치는데, 그 목적은 「사람으로 하여금 나의 자심을 염하여 나의 자심불을 이루게 함」입니다. 염불하면 누구나 부처가 됩니다. 그리고 "어떻게 자심불을 버리고 홀로 부처님께서 가르치시겠는가."라고 꾸짖으십니다. 이는 앞에서 "어떻게 자심을 해치고 자심을 버리고 발원하지 않으며 수행하지 않는가(何得自暴自棄不願不修)." 경책하신 말씀을 해석한 것입니다. 그래서 성취하는 것은 다른 사람을 성취하는 것이 아니라 자신을 성취하는 것입니다. 서방극락세계에 왕생하는 것은 자신이 성불하는 것입니다. 그렇다면 왜 반드시 서방정토에 가야 하는가? 물어야 합니다. **시방제불 모두에게 정토가 있는데 왜 오직 서방정토에 가야만 하는가?** 이는 일리가 있는 질문입니다.

《화엄경》·《법화경》 이들 대경을 모두 연구하여야만 이 답안을 얻을 수 있고, 비로소 서방정토의 수승함을 알 수 있습니다. 다른 제불의 정토도 수승하지만 쉽게 가지 못하고 문턱이 매우 높습니다. 그러나 서방정토는 가고 싶으면 쉽게 갈 수 있습니다. 대학을 입학하는 것처럼 시험을 보아야 하고 그 대학이 좋으면 합격 점수가 높아서 이 기준이 없으면 가지 못합니다. 그러나 이 대학은 매우 특별하여 단지 공부하길 원하면 신청하자마자 바로 합격이라 시험이 필요 없습니다. 게다가 다른 사람과 견주어도 차이가 없을 정도로 아주 잘 하고, 어떠한 방면에서든 모두 다른 제불정토를 뛰어넘습니다. 여러분들이 《무량수경》을 독송하면 잘 이해할 수 있습니다. 서방정토는 매우 특별하여 이 몇 마디 말로 또렷하게 설명할 수 없습니다. 그래서 여기서 우리에게 권하시니, 부처님을 저버려서도 안 되고 자신을 저버려서도 안됩니다.

《여래부사의경계경》에 이르시길, "보살이 제불의 경계 및 일체법이 모두 유심의 양量임을 명료하게 알 수 있으면 수순인隨順忍을 얻어 (혹 초지에 들어) 몸을 버리고 속히 극락정토에 태어나느니라." 하셨다.

如來不思議境界經云。菩薩(若能)了知諸佛、及一切法、皆唯心量。得隨順忍。(或入初地) 捨身速生極樂淨土。

이는 경전을 인용하여 증명하는 것입니다. 이들 보살은 서방정토에 왕생하길 발원하여 얼렁뚱땅 가는 것이라 경전 상에서 매우 똑똑히 말씀하십니다. 보살은 제불의 경계를 명료하게(了) 압니다. 일체법은 바로 십법계에서 불법계를 제외한 그 밖의 구법계로 그는 한 법도 명료하게 알지 못하는 것이 없습니다. 이러한 법은 모두 자성이 변하여 나타는 것입니다. 우리 마음속에 어떤 인因이 있으면 어떤 현상으로 변하고 어떤 과보를 맺습니다. 이런 사실진상은 명백합니다. 이래야 수순인隨順忍을 얻습니다. 「인忍」, 이 글자에는 선정에 든다는 뜻이 있고, 동의한다는 뜻이 있으며, 인가한다는 뜻이 있습니다. 진정으로 명료하게 알아야 승인하고 동의합니다. 사실진상은 확실히 이와 같습니다. 십법계에서 그는 인연에 수순할 수 있습니다. 인연에 수순하는 가운데 그는 발심합니다. 서방정토에 태어나겠다고, 게다가 서방정토에 빨리 도달하겠다고 희망합니다. 이는 십법계의 인과와 사와 이의 진상에 대해 진정으로 명료해진 후 서방극락세계에 가겠다고 발심하지 않는 사람은 한 사람도 없습니다. 이는 진실입니다.

이러한 사실진상을 우리가 명료하게 알아야 서방극락세계에 왕생하기 전에 우리가 어느 세계에 있던 상관없이 우리는 모두 눈앞의 환경에 수순할 수 있고, 이러면 정말 이치에 맞아 마음이 편안합니다. 이러한 사실진상의 이치를 또렷이 알고서 우리는 환경을 견뎌낼 수 있습니다. 만약 잠시의 고통스런 환경에도 견뎌낼 수 없다면 장래는 성취할 수 없습니다. 이는 당연한 이치입니다. 《금강경》에서 말씀하시길, "**일체법을 인욕으로 성취할 수 있느니라**(一切法得成於忍)." 하셨다. 인내심이 없는 사람, 인욕할 수 없는 사람은 고래로 성취할 수 없기 때문에 이런 대덕들은 가르칠 수 없습니다. 당신 자신은 법기가 아니므로 그는 심력을 다 써도 가르치지 못합니다. 왜냐하면 그는 인내심이 없기 때문입니다. 그래서 옛날 조사·대덕들은 계승할 사람을 찾았고 전법할 사람을 찾았습니다. 총명하고 영리한 사람을 찾은 것이 아니라 진정으로 인내심이 있는 사람을 찾았습니다. 능히 인욕할 수 있는 사람에게 그는 법을 전하였고, 그가 계승자가 되길 희망하였습니다.

제가 처음 학불을 할 때 이병남 선생께서 저에게 《선림보훈禪林寶訓》을 읽으라고 하셨습니다. 거의 30년 전, 제가 아직 출가하기 전이었습니다. 현재 이름은 기억나지 않지만 저는 한 분 스님이 생각납니다. 스님은 한 학생과 상대했는데 그는 정말 도리가 없었습니다. 요즘말로 거의 학대였습니다. 이 학생을 보면 눈에 거슬려 욕을 하지 않으면 때렸습니다. 한 번은 발 씻은 물을 그의 머리 위에 끼얹었는데, 그를 쫓아내겠다는 뜻이었습니다. 그러나 학생은 가지 않았습니다. 학생은 이 스승님에게 진정으로 도가 있음을 잘 알았습니다. 그래서 이러한 모욕을 그는 기꺼이 진심으로 견뎌내었습니다.

마침내 이 스님은 그를 쫓아내었습니다. 쫓겨나고서도 그는 근처에 살 곳을 찾아 매일 스님이 강경설법할 때마다 담장

밖 창가에서 들으면서 여전히 떠나지 않았습니다. 이렇게 2, 3년이 지난 후 이 스님이 전법을 하려고 계승자를 선택해야 했는데, 모두 그가 누구에게 전해줄지 몰랐습니다. 그가 법좌에 올라앉을 때까지 기다리니, 그는 사람을 불러 문밖 창가에 있는 사람에게 들어오라고 했는데, 결국 그에게 법을 전해줄 것이라 아무도 생각하지 못했습니다. 그때 비로소 모두 깨달았습니다. 그에게 가한 갖가지 학대는 그의 인내심을 훈련한 것으로 그의 덕행을 성취시키기 위함이었습니다. 스님은 그를 후계자로 선택하였습니다. 그래서 고의로 그를 학대하였고 일부로 그를 난처하게 만들어 그가 선택받은 사람이 되게 하였습니다. 만약 선택하지 않았다면 당신에게 매우 정중하고 겸허하였을 것입니다. 그래서 당신이 진정으로 좋은 스승을 만나 그의 학생이 되고 싶다면 그가 당신을 보고서 때리고 욕해도 그것은 진정으로 당신을 보살피고 사랑하는 것으로 당신을 성취시키기 위함임을 알아야 합니다. 반대로 스승이 당신에게 정중하고 매우 겸허하다면 그 스승은 근본적으로 당신이 필요하지 않아 가르치지 않고 원수가 되지 않을 것입니다. 불법은 위대한 교육입니다. 그래서 법을 계승할 사람을 선택함에 반드시 매우 큰 인내심이 있어야 합니다.

그래서 육바라밀에서 인욕은 성패의 관건입니다. 인욕은 선정의 기초로, 반드시 인내할 수 있어야 선정을 얻을 수 있습니다. 선정은 지혜를 여는 기초로 선정이 없으면 지혜를 열수 없습니다. 이로 말미암아 인욕이 대단히 중요함을 알 수 있습니다.

현재 불문이 쇠퇴하는 것은 수도하는 사람에게 인내심이 없기 때문입니다. 작은 것도 뜻대로 되지 않는다고 고개를 돌려 가버리면, 그가 어떻게 성취할 수 있겠습니까? 불가능합니다. 절대로 좋은 선생님이 가르치려 하지 않는 것이 인색하게 구는 것이 아닙니다. 어떤 좋은 선생님이 좋은 학생에게 이 법을 전해주어 크게 펼쳐서 일체중생을 이롭게 하길 희망하지 않겠습니까! 오늘날 전 세계는 홍법할 인재가 부족합니다. 요즘 사람은 때리지 않아도, 욕하지 않아도, 안색이 조금 안 좋아 보이면 이틀이 지나면 가버리므로 성취가 있을 수 없습니다. 그래서 수순인隨順忍이 몸을 버리고 극락정토에 속히 태어나는데 매우 중요 합니다.

[보충] 《여래부사의경계경如來不思議境界經》에서 이르시길, "삼세의 일체제불은 모두 무소유이고 오직 자심에 의지할 뿐이다. 보살이 만약 제불의 경계 및 일체법이 모두 유심의 양量임을 알면 수순인隨順忍을 얻어 혹 초지에 들어 몸을 버리고 속히 묘희妙喜세계에 태어나거나, 혹 극락의 청정한 불국토에 태어나느니라." 하셨으니, 이것이 그 증명이다. 이로써 미루어보면, 비록 염불하여 왕생을 구하지 않더라도 다만 유심임을 명료히 알아 수순하여 관찰하면 저절로 저 국토에 태어남이 반드시 정해져 의심할 것이 없다. (如來不思議境界經云," 三世一切諸佛, 皆無所有, 唯依自心.菩薩, 若能了知諸佛及一切法, 皆唯心量, 得隨順忍, 或入初地捨身, 速生妙喜世界, 或生極樂淨佛土中." 此其證也, 以此而推, 雖不念佛求生, 但了唯心, 隨順觀察, 自然生彼, 必定無疑)

_《권수정혜결사문勸修定慧結社文》 지눌선사

조율사가 묻건대, "경에 이르시길, 이 마음 그대로 부처가 되고 이 마음 그대로 부처이니라 하셨나니, 어떻게 저 부처님을 염해야 하는가?"

照律師問。經云。是心作佛、是心是佛。心既是佛、何須念他佛耶。

답하되, "다만 마음이 본래 부처님이므로 저 부처님을 전념하도록 하라."

答。祇由心本是佛、故令專念彼佛。

이 질문은 현재 수많은 사람이 묻는 질문인데, 고인께서 우리를 대신하여 질문하셨습니다. 질문은 훌륭합니다.

이 답변은 매우 중요합니다. 저 부처님(他佛)을 염하는 것은 자심불(自佛)을 불러일으키는 것입니다. 모두 이러한 이치를 알아야 합니다. 이론상으로는 말하면 자심이 부처님입니다. 이는 성덕性德입니다. 그러나 성덕은 수덕修德이 없으면 성덕은 현현할 수 없으므로 반드시 저 부처님을 염하는 도움을 받아야 자심의 부처님이 현현합니다. 이것이 방법입니다. 우리는 왜 아미타부처님 불상을 조성하고 이곳에서 공양하며 날마다 바라보며 날마다 예배해야 할까요? 그 목적은 이 불상의 도움을 입어 우리 자성미타를 드러내기 위함입니다. 하물며 자심불과 저 부처님 한가운데 한계가 없고 분별이 없어 자타自他가 불이不二이고 성상性相이 일여一如여야 원만하니, 자自가 있고 타他가 있어 두 법이겠습니까! 육조대사께서 인종 스님에게 말씀하시길, "두 법이면 불법이 아닙니다. 불법은 불이법不二法입니다." 하셨다. 이 뜻은 깊습니다. 우리 자신의 마음속에 자를 나누고 타를 나누니 이는 바로 분별·집착입니다. 당신에게 여전히 분별·집착이 있으면 견성할 수가 없고 당신의 자심불이 현전할 수 없습니다. 반드시 '자타불이'이고 '성상일여'임을 알아야 우리의 자성미타가 현전할 수 있습니다. 그래서 시방제불 국토의 보살들이 모두 서방극락세계에 왕생하길 발원하는 이치가 여기에 있습니다.

《범망보살계경梵網菩薩戒經》에 이르시길, "믿고 알지니, 일체 중생은 모두 불성이 있다. (항상 대승의 선한 믿음을 내어 스스로 알지니) 나는 아직 이루지 못한 부처이지만 제불께서는 이미 이룬 부처님이라." 하셨다. 그대 마음의 부처님은 아직 성불하지 못하였지만, 아미타부처님께서는 이미 성불하셨다. 아직 성불하지 못한 자는 오랫동안 욕망의 바다에 빠져 온갖 번뇌를 갖추어 벗어날 기약이 없는데, 이미 성불한 자는 오랫동안 보리를 증득하고 온갖 위신력을 갖추어 중생을 위해 호지할 수 있다. 이런 까닭에 제불께서는 염불을 하라고 권하신다.

梵網戒云。信知一切衆生、皆有佛性。我是未成之佛、諸佛是已成之佛。汝心佛者、未成佛也。彌陀佛者、已成佛也。未成佛者、久沉欲海、具足煩惱、杳無出期。已成佛者、久證菩提、具足威神、能爲物護。是故諸佛、勸令念佛。

《범망경》은 대승보살의 중요한 경전인 《범망보살계경梵網菩薩戒經》입니다. 총 60여 권이 있지만 안타깝게도 완전히 번역되지 못하고 한문으로 「보살심지계품菩薩心地戒品」 일품만 양권으로 번역되었을 뿐입니다. 상권은 보살의 마음, 보살은 어떤 마음으로 일을 처리하거나 사람을 대하며 물건을 접해야 하는지 말씀하고 있습니다. 하권은 행지, 즉 계본 10중重·48경계輕戒를 말씀하고 있습니다. 이 양권은 매우 중요합니다.

이 단락은 《범망계경》을 빌려서 우리의 현재 이 마음은 아직 성불하지 않은 마음임을 증명하고 있습니다. 이에 반해 아미타 부처님께서는 이미 성불하였습니다. 우리는 현재 반드시 이미 성불한 부처님의 도움을 입어 자신의 아직 성불하지 못한 마음을 빗어야 합니다. 우리 범부는 오욕칠정으로 우리 자신을 해치고 괴롭혀 벗어날 방법이 없습니다.

이미 성불한 사람은 구법계의 중생을 돕고 호지護持할 수 있습니다. 왜 여기서 사람을 위해 호지할 수 있다고 하지 않을까요? 만약 사람을 위해 호지할 수 있다고 말하면 구법계에서 인도人道만 호지하고 다른 법계는 연분이 없습니다. 그래서 물物이란 글자를 쓰서 구법계 유정중생을 대표하였습니다. 제불은 시방삼세 일체제불로, 중생에게 염불하라고 권하지 않는 부처님은 한 분도 계시지 않습니다. 특히 아미타불을 염하라 하십니다.

하련거 거사께서는 생전에 홍원弘願이 있었는데 정종학회淨宗學會를 건립하여 전 세계에 정토법문을 전문적으로 홍양하는 것이었습니다. 그러나 매우 애석하게도 그분이 왕생하시기 전에 정종학회는 성립되지 않았습니다. 그의 계승자인 황념조 거사께서는 이런 일을 저(정공 큰스님)에게 일러주시면서 우리가 해외에 제창하여 정종학회를 세워서 정토종을 보편적으로 크게 홍양할 것을 희망하셨습니다. 보편적으로 사람들에게 염불을 하도록 권하는 것은 매우 훌륭한 일로, 이는 일체제불께서 염불을 하도록 권하신 뜻에 잘 부합합니다.

(염불의 목적은) 즉시 아직 이루지 못한 나의 부처로써 이미 이룬 저 부처님을 구하여 나를 돕고 호지할 뿐이다. (유감스럽게도) 중생이 염불을 하지 않으면 성인과 범부는 영원히 사이가 멀고 부모 · 자식간은 어긋나고 여의어 오랫동안 윤회에 처하여 부처님과 멀어지는구나. 그래서 문수 · 보현 등 일체 보살께서는 모두 염불하여 왕생하길 원하셨는데, 하물며 나 같은 범부 어리석은 사람이랴. 또한 저 애벌레들도 가르침을 듣고서 이루나니, 사람으로 곤충만 못하겠는가. 발원하지도 않고 자심을 버림에 미혹함이 심하도다.

卽是以我未成之佛、求他已成之佛、而爲救護耳。衆生若不念佛、聖凡永隔、父子乖離、長處輪迴、去佛遠矣。所以文殊普賢等諸菩薩、皆願念佛往生、況我凡愚人耶。又彼螟蛉、尚聽敎成。可以人而不如蟲乎。不願自棄。迷也甚矣。

무량무변의 법문 중에서 염불의 공덕은 제일이고 염불하지 않은 손실도 제일이며 손실을 보충할 수 없다는 사실을 깨달아야 합니다.

실제로 말해서 문수보살 보현보살 관세음보살 대세지보살은 일찍이 모두 성불하신 분이십니다. 이분들은 오히려 자항慈航을 타고 오셔서 왜 염불을 하려고 하실까요? 그들은 등각보살의 신분으로써 염불하여 정토에 태어나길 구하는 것을 시현하시어 우리에게 모범을 보여주십니다. 우리 자신이 마음속으로 생각해 보십시오. 등각보살께서도 모두 아미타불을 염하여 정토에 태어나길 구하는데, 우리는 왜 염불하지 않습니까? 이는 교학에서 몸으로 가르치신 신교身教에 속하고, 우리를 위해 강경 · 설법하심은 언교言教입니다. 그분들 자신이 우리에게 염불을 가르치시고 그분들은 염불을 하지 않는 것이 아니라 자신도 진실로 염불을 하십니다. 이래야 우리가 믿을 수 있고 의심하지 않으며 진정으로 기꺼이 염불할 수 있습니다. 그래서 우리는 부처님을 배우고 누구를 배워야 합니까? 문수 · 보현보살을 배우고 관세음 · 대세지보살을 배워서 아미타불을 전념하여 정토에 태어나길 구해야 합니다. 이러면 옳습니다. 제불보살께서 세상에 나오셔서 고구정녕 노파심에 하신 것은 바로 이 일입니다.

우리는 여기까지 통서대의通序大意, 첫째 중단락에서는 염불의 지취旨趣를 말씀드렸습니다. 둘째 중단락은 경전 제목을 해석한 해석경제解釋經題입니다.

[제2단] 경전제목을 해석하다 (略釋經題)

이 경은 《능엄경》입니다. 《능엄경》의 완전한 경전 제목은 「대불정여래밀인수증요의제보살만행수능엄경大佛頂如來密因修證了義諸菩薩萬行首楞嚴經」입니다. 경전 제목이 너무 길어 약칭으로 《대불정수능엄경大佛頂首楞嚴經》 혹은 《능엄경》이라 부릅니다.

「능엄」이란 일체 사事에 구경이고 견고하다.

楞嚴者、一切事究竟堅固也。乃大部之總名。

「능楞」 이하는 먼저 이름을 해석한다. 일체 사는 삼과三科, 칠대七大이다. 구경究竟은 공空이고, 견고堅固는 불공不空이다. 둘을 합치면 공불공空不空이다.

楞下、先釋名。一切事、三科七大也。究竟、空也。堅固、不空也。合二、空不空也。

이 일구에서는 경전 제목을 해석합니다. 전체 제목은 매 일구마다 모두 매우 깊은 뜻을 지니고 있는데, 전체 경전제목 스무 글자 중에서 「능엄」 두 글자만 해석하였습니다. 「능엄楞嚴」, 수능엄은 범어로 「**일체사구경견고**一切事究竟堅固」란 뜻입니다. 무엇을 구경이라 하고 무엇을 견고라 하는지, 주해를 보면 매우 명백합니다. 구경은 공空의 뜻이고, 견고는 불공不空의 뜻입니다. 구경은 체를 말하고 견고는 현상과 작용을 말합니다. 체는 공적하므로 현상은 환유幻有입니다. 현상은 환유이므로 견고의 뜻이 있습니다. 견고의 뜻은 《능엄경》에서 매우 또렷하게 말할 뿐만 아니라 《법화경》에서도 이르시길, 매우 미묘하여 "이 법은 법위法位에 머물러 세간상이 허물어지지 않는다(是法住法位 世間相不壞)." 하셨습니다. 우리가 지금 이 세간상을 보면 성주괴공成住壞空·생주이멸生住異滅·생노병사生老病死입니다. 우리가 보는 일체만상은 연이 모이고 연이 흩어지는 것으로 모이면 생하고 흩어지면 멸합니다. 실제로 모이고 흩어지는 연을 떼어놓고 이들 물질을 보면 원래 불생불멸입니다.

만일 여러분이 이 진상을 볼 수 있다면 당신은 이미 무생법인無生法忍을 증득하였습니다. 무생법인은 바로 일체 법은 불생불멸이라는 진상입니다. 일체법은 모두 이른바 원자, 전자의 연이 모인 현상입니다. 연이 흩어지면 상은 멸합니다. 기본 물질에서 관찰하면 그것은 생함도 멸함도 없습니다. 이래야 진상을 볼 수 있습니다. 그래서 이러한 진실상에서 관찰하면 그것은 견고합니다. 견고는 기본적인 물질에는 생멸이 없다는 말입니다. 이로 인해 일체 경계상은 생멸이 없습니다. 생이 있고 멸이 있다 말함은 부처님께서 중생에 수순하여 설법한 것으로 바로 속제俗諦입니다. 만약 부처님의 경계에서 말하면 일체법은 생멸이 없고, 불생불멸입니다.

그래서 「일체사一切事」는 《능엄경》에서 말하는 바로 「삼과칠대三科七大」입니다. 삼과三科는 《능엄경》 25원통에서 말하는 것으로 육근六根 · 육진六塵 · 육식六識입니다. 이를 합치면 십팔계十八界입니다. 육근 · 육진 · 육식은 바로 우주와 인생의 귀납입니다. 우주 간의 만사만법은 육근 · 육진 · 육식 세 가지 범주로 귀납됩니다. 이 세 가지 범주 이외에 《능엄경》에서는 또한 일체 현상계를 지 · 수 · 화 · 풍 · 공 · 견 · 식의 칠대七大로 귀납시킵니다. 십팔계와 칠대를 합쳐서 25가 됩니다. 이 장경은 25원통의 하나입니다. 이 25는 모두 원통이라 하는데, 이로써 법문은 평등하여 차별이 없고 어떤 법문을 수학하든 상관없이 모두 원통을 증득할 수 있음을 알 수 있습니다. 부처님께서는 이 방법으로 무량법문, 팔만사천 법문을 25문으로 귀납시키고 한 문마다 한 분 보살로 대표하게 하셨습니다. 그래서 25보살 한 분 한 분마다 자기 수행으로 증과를 성취함을 보고하게 하셨습니다. 이는 《능엄경》에서 매우 뛰어난 경문으로, 《화엄경》에서 선재동자의 53참에 상당합니다. 자신의 수행증과修行證果의 정형을 보고하는 것입니다.

비록 말은 평등할지라도 이 속에는 어려운 것이 있고, 쉬운 것이 있습니다. 오직 홀로 이 염불법문은 대세지보살께서 대표하시는 법문으로 삼근을 두루 가피하고 이근과 둔근을 전부 거두기 때문에 25문에서 가장 특별한 법문입니다. 어떤 사람은 《능엄경》과 정토법문의 관계에 대한 의견이 편차가 있는데, 이는 《능엄경》에 「오회능엄신주五會楞嚴神咒」가 있기 때문입니다. 일반적으로는 《능엄경》을 밀종으로 간주합니다. 밀종에서 이 경전을 수학하는 것이 오회능엄비밀신주가 있기 때문입니다. 선종도 이 경전을 공부합니다. 그래서 모두들 《능엄경》을 선종과 밀종과는 관계가 있지만, 정토종과는 아무런 관계가 없다고 생각합니다.

제가 갓 출가한지 오래되지 않아 저는 원산圓山 임제사臨濟寺에서 1년간 머물렀습니다. 이때 대만대 동학 한 분께서 대만대 자광慈光 강좌에 참가하였습니다. 그는 대만대 객좌교수이자 일본인 한 사람을 데리고 왔습니다. 저는 그때 막 이병남 선생님께 《능엄경》을 배우고 있었습니다. 그는 저에게 능엄경에서 어떤 법문을 닦는지 물었습니다. 저는 정토법문을 닦는다고 말했습니다. 그의 표정은 매우 오만하여 깔보듯이 쌀쌀맞게 한마디 던졌습니다. "능엄경과 정토가 무슨 관계가 있소." 일본인에 대해서는 준엄해야 하고 겸손해서는 안됩니다. 겸손하면 당신을 깔보기 때문입니다. 저는 답하지 않고 그에게 되물었습니다. "관세음보살과 대세지보살은 정토법문과 무슨 관계입니까?" 제가 이 말을 하지 그는 얼굴이 바로 빨개졌습니다.

《능엄경》에서 가장 중요한 경문은 「대세지보살 염불원통장大勢至菩薩念佛圓通章」·「관세음보살 이근원통장觀世音菩薩耳根圓通

章」 이 두 장으로 이것이 《능엄경》의 정화精華인데, 어떻게 정토와 관계가 없다 말할 수 있겠습니까? 그가 비록 일본 스님일지라도 그는 《능엄경》을 잘 모르고 있음을 알 수 있었습니다. 《능엄경》이 선종과 밀종과는 관계가 있지만 정토와는 깊은 관계가 없다고 스스로 잘 몰랐는데, 다행히도 나의 한마디 말에 그는 바로 각성했습니다. 이 두 장은 모두 특별법문으로 순서에 따라 배열하지 않고, 마치 연극에서처럼 마지막에서 두 번째로 배열하여 표연表演합니다.

육근 · 육진 · 육식 · 칠대 이 순서대로 육근의 순서에 따라 관세음보살은 두 번째에 배열해야 하지만, 이렇게 배열하지 않고 마지막에 배열하였습니다. 이로써 특별법문임이 잘 드러납니다. 그러나 「대세지보살원통장」, 이 특별법문은 모두 소홀히 여깁니다. 그것도 순서대로 배열하지 않았습니다. 칠대七大에서 염불은 견대見大로 대세지보살이 대표하고, 식대識大는 미륵보살이 대표합니다. 바꾸어 말하면 순서대로 배열하면 응당 미륵보살이 앞이지만, 25원통장을 보면 미륵보살은 뒤쪽에 있습니다. 그래서 25원통장에서 이 두 가지 특별법문은 피날레(壓軸子)입니다. 이 점은 왕왕 《능엄경》을 독송하며 유의하지 않고 소홀히 여깁니다. 관세음보살은 매우 명확히 드러납니다. 그는 응당 제2위인데 마지막에 두어서 명확히 드러납니다. 대세지보살은 응당 제23위인데 24위로 한 단계 바뀌었지만 명확히 드러나지 않아 유의하지 않으면 볼 수 없습니다. 그래서 이 둘은 특별법문입니다.

왜 특별법문이 둘이 있습니까? 왜 대세지보살을 마지막에 두지 않았습니까? 관세음보살을 24번에 놓고 대세지보살을 25에 두는 것이 이치에 잘 통한다 말할 수 있습니다. 왜 이렇게 두지 않았을까요? 왜냐하면 「염불원통念佛圓通」은 시방삼세 일체중생의 근기에 보편적으로 잘 맞습니다. 그래서 24번에 두었습니다. 「관세음보살 이근원통觀世音菩薩耳根圓通」은 특별히 우리들 이 사바세계 중생의 근기에 잘 맞습니다. 그래서 25번째 위치에 두었습니다. 이 두 분의 보살은 모두 서방극락세계 아미타부처님의 조수이자 서방삼성입니다. 이로써 《능엄경》과 정토의 관계가 매우 밀접함을 알 수 있습니다.

온처계대蘊處界大의 본체는 여래장이다. 그래서 사사事事마다 구경이고 견고하여 능엄정楞嚴定이라 이름한다. 그래서 이는 또한 건상삼매健相三昧라 한다.

蘊處界大、本如來藏。故事事究竟堅固、名楞嚴定。既住法位、世相常住。故此亦名健相三昧。

경문에서 삼과칠대는 「본여래장本如來藏」이라 말하였지만, 여기서는 「온처계대蘊處界大」라 말합니다. 온蘊은 오온五蘊이고, 처處는 십이처十二處이며, 계界는 십팔계十八界, 대大는 칠대七大입니다. 이 모두 일체 민시민법이 이 세 가지 범주로 귀납됩니다. 그래서 삼과三科는 오온 · 십이처 · 십팔계이라고 말할 수 있습니다. 「**본여래장**本如來藏」, 그것의 본체는 모두 여래장입니다. 여래장은 바로 우리의 진여본성인 진심입니다. 왜냐하면 그것의 본체가 진성眞性이기 때문입니다. 그래서 「**사사구경견고**事事究竟堅固」입니다. 이는 바로 마음 바깥에 법은 없고, 법 바깥에 마음은 없다는 뜻입니다. 이는 제불과 대보살들께서 보시고 친히 증득한 경계입니다. 「명능엄정名楞嚴定」, 이는 바로 수능엄대정首楞嚴大定입니다. 「기주법위既住法位 세상상주世相常住」 이 두 마디 말은 《법화경》에서 "이 법이 법위에 머물러 세간상이 상주하느니라(是法住法位 世間相常住)." 하신 말씀입니다. 이는 사실의 진상입니다. 「고차역명건상삼매故此亦名健相三昧」 여기서 건健은 바로 건강이자 정상입니다. 이는 제불보살의 정지정견正知正見을 비유한 것으로 그들의 견해는 추호의 잘못도 없고 편차도 없습니다. 이는 일종의 대정大定입니다. 그래서 건상삼매健相三昧는 바로 수능엄삼매首楞嚴三昧입니다.

원통이란 성성聖性법문에 통하지 않음이 없다. 이 장의 별목別目이다.

圓通者、聖性法門、無不通也。是一章之別目。

성성은 이체(理)를 듦이고, 법문은 가르침(教)을 기준으로 함이다. 행과行果는 생략되어 있음을 미루어 알 수 있다.

聖性、擧理。法門、約教。影略行果、可知。

이는 이 장경을 해석한 것입니다. 경전제목은 매우 간단하여 「능엄」 이 두 글자를 말할 뿐입니다. 이 장은 원통장이라 합니다. 원圓은 원만이고, 통通은 통달입니다. 성성聖性은 이체를 말합니다. 성聖은 부처님이니, 부처님은 대성인입니다. 성性은 바로 진여본성입니다. 법문은 부처님의 교법으로 부처님께서 일체중생에게 가르치시는 방법입니다. 그래서 교教 상에서 말씀하신 것입니다.

불법의 교법은 단지 교教일 뿐만 아니라 이理도 있고, 행行도 있으며, 과果도 있습니다. 그래서 불법에는 교리행과教理行果의 4대항목이 포함되어 있습니다. 여기서 성성聖性이란 이러한 이치가 있다는 말입니다. 이理는 이론에 근거한 것이고, 교教는 교학법教學法입니다. 행行은 교를 우리에게 이렇게 하라 가르쳐 주는 것입니다. 다시 말해 어떻게 이론과 교학을 우리 생활에 적용하여 우리가 일을 처리하고 사람을 대하며 사물을 접하는 가운데 응용함을 행이라 합니다. 배운 것은 결정코 쓸모가 있습니다. 배운 것이라고 다 쓸모가 있다고 말할 수 없지만, 불법에는 배우면 바로 쓸모가 있습니다. 과果는 결과로 얻은 것의 수용을 말합니다. 현전의 이익은 괴로움을 여의고 즐거움을 얻으며, 번뇌를 지혜로 바꿉니다. 장래의 이익은 더 말할 필요 없고 이루다 말할 수 없습니다. 그래서 불경을 귀납하면 이경理經·교경教經·행경行經·과경果經의 네 가지 경전이 있습니다. 두 가지는 말하였고, 두 가지는 말하지 않았지만, 결정코 교 안에 포함되어 있습니다.

(교리행과) 네 가지 법이 바로 드러나 서로 두루 원만하고 모두 통한다. 지止에 의지해 선정을 이루니 「능엄」이라 하고, 관觀에 의지해 지혜를 이루니 「원통」이라 한다. 별목別目이라 함은 「대세지염불원통」은 수도하는 25원통 중의 하나이다.

正顯四法、互相圓遍該通也。依止成定、名爲楞嚴。依觀成慧、號作圓通。別目者、以勢至念佛圓通乃修道二十五圓通中一也。

네 가지 법은 바로 교리행과敎理行果입니다. 법에는 이 네 가지 문이 있으니, 넷은 하나이고 하나는 넷입니다. 어느 한 가지이든 나머지 세 가지를 포함하여야 비로소 원통합니다. 이론 방법에 따라 수학하여 청정심을 얻고 선정을 얻으니, 이것이 바로 능엄대정楞嚴大定입니다. 이론과 방법에 따라 세간·출세간을 비추어 지혜가 현전하니, 이를 원통이라 합니다. 일체법에 미혹하지 않고 일체법의 이와 사에 모두 통달·명료하니 이것이 지혜이고 원통이라 합니다. 25위 보살이 수학하는 것은 모두 원통이라 하고, 「대세지보살염불원통」은 25원통의 하나입니다. 그래서 별목이라 부릅니다.

세지란 일깨우고 가르치는 사람이고, 염불이란 수행하는 법이

다.

勢至者、啟教之人也。念佛者、修行之法也。

세지 이하 또한 갖추고 있는 뜻을 생략하였다. 응당 일깨우는 주체와 닦는 주체는 세지인勢至人이고, 일깨우는 대상과 닦는 대상은 염불법이다.

勢至下、亦影略義具。應云能啟能修、勢至人也、所啟所修、念佛法也。

이 경문은 매우 짧지만, 그 가운데 모든 정토 경전에서 말씀하신 이론·방법·경계를 모두 포괄하고 있습니다. 그래서 이 경문의 글자 수가 적다고 보지 말아야 합니다. 마치 《반야심경》이 비록 글자 수가 260개 글자로 적지만 대품반야경 600권이 이 260개 글자를 벗어나지 않는 것과 같습니다. 「대세지보살원통장」은 정토의 심경心經이라 말할 수 있어 문자가 비록 적을지라도 의리는 무궁무진합니다.

경문은 비록 12행일지라도 뜻은 정토의 모든 경전을 포괄하니, 언교도 있고 당기當機도 있으며, 법도 있고 비유도 있다. 중생과 부처님이 감응하여 두루 머금고, 자심과 저 부처님이 인과에 모두 사무친다. 마음 경계를 비추는 달과 등이 되고,

범부를 뛰어넘어 성인의 과위에 드는 배와 노가 되는 까닭에 《능엄경대세지염불원통장》이라 말한다.

文雖一十二行、義括淨土諸典。有敎有機。有法有喩。生佛感應以遍含。自他因果而該徹。作心境之月燈。爲聖凡之舟楫。故言楞嚴經勢至念佛圓通章。

문 이하는 뒤에 결론 맺고 찬탄한다. 먼저 별찬別歎으로 저 부처님께서 나에게 염불을 가르치시니, 당기와 언교이다. 어머니와 자식, 형체와 그림자, 물듦과 향기는 법과 비유이다. 여래께서 중생을 가엾이 생각하고 중생은 일심으로 부처님을 잊지 않고 기억하면 중생과 부처님이 감응한다. 나는 염불로 인해 무생법인에 들어가고 지금 염불하는 사람을 거두어서 청정각에 돌아가게 하니 자심과 저 부처님이 인因이고 과果이다.

文下、後結歎。二。先別歎。彼佛敎我念佛、機敎也。母子形影染香、法喩也。如來憐念衆生、衆生一心憶佛、生佛感應也。我因念佛入忍、今攝念人歸淨、自他因果也。

심경월등心境月燈이라 함은 나의 자심에 의지해 저 부처님의 경계를 염하니 즉 부처님의 경계가 밝게 드러나고, 저 부처님의 경계에 의탁하여 나의 자심을 염하니 즉 자심이 쉽게 나타난다. 이러한 밝게 드러남과 쉽게 나타남은 모두 달과 등, 교와 법에 기대어 조견한다. 마음 바깥에 경계가 있다 함은 소교(小敎; 성문 소승의 교의)이고, 경계는 오직 이 마음뿐이라 함은 시교(始敎; 대승 시초단계의 교의)이며, 마음이 즉함에 곧 경계라 함은 종교(終敎; 대승 종극단계의 교의)이고. 경계도 아니고 마음도 아니라 함은 돈교(頓敎; 대승 중 돈초돈오頓超頓悟의 법문)이며, 마음과 경계에 다함이 없다 함은 원교(圓敎; 원만무결 원융무애의 법문)이다. 이는 곧 소전所詮[10)]의 법이다.

心境月燈者、依我自心、念彼佛境、則佛境可彰。託彼佛境、念我自心則自心易顯。此之彰顯、皆憑月燈敎法、以照見也。心外有境、小敎也。境唯是心、始敎也。卽心卽境、終也。非境非心、頓也。心境無盡、圓也。卽所詮法。

달과 등은 능전能詮의 교敎를 비유한 것이다. 성명구의문(聲名句義門; 소리와 명구의 뜻을 관하는 문)은 반딧불과 같아 소교이고, 섭경유심문(攝境唯心門; 경계를 거두어 유심을 관하는 문)은 불빛 등과 같아 시교이며, 이사무애문(理事無礙門; 이와 사가 융섭하여 걸림이 없음을 관하는 문)은 별과 같아 종교이고, 회상귀성문(會相歸性門; 상을 융회하여 본성으로 돌아감을 관하는 문)은 달과 같아 돈교이고, 보융무진문(법성이 두루 원융하여 다함이 없음을 관하는 문)은 해와 같아 원교이다.

10) 경문으로 말하여 나타내는 문구 속의 뜻은 소전所詮이다. 말로써 나타낼 의리에 대하여 능히 나타내는 문구나 언어를 능전能詮이라 한다.

月燈、喻能詮教。聲名句義門、如螢燈、小也。攝境唯心門、如火燈、始也。理事無礙門、如星、終也。會相歸性門、如月、頓也。普融無盡門、如日、圓也。

지금 가운데 둘을 요약하여 「성범주즙聖凡舟楫」이라 함은 부처님의 명호를 염하고 귀의계를 수지하여 삼악도를 뛰어넘어 하하품으로 태어나니, 인승人乘이라 이름한다. 그것은 마치 거룻배로 겨우 계곡물을 통과하는 것과 같다.

今約中二以說。聖凡舟楫者、念名號佛、受持皈戒、越於三途、下下品生、名爲人乘。其猶艇船、纔過谿澗。

색상의 부처님을 관상하고 행선行禪을 잘 닦아 사대주를 뛰어넘어 하품의 연꽃에 태어나니, 천승天乘이라 이름한다. 그것은 마치 작은 배로 작은 하천의 항구를 나서는 것과 같다.

念色像佛、修行禪善、越於四洲、生下品蓮、名爲天乘。其猶舠船、出小河港。

응화신應化身의 부처님을 염하고 사성제를 관하여 삼계를 뛰어넘어 중품 연꽃에 태어나니, 성문승이라 이름한다. 그것은 마치 군함이 큰 호수를 통과하는 것과 같다.

念應化佛、觀四眞諦、越於三界、生中品蓮、名聲聞乘。其猶艨艦。過於大湖。

수용신受用身의 부처님을 염하고 인연을 또렷이 깨달아 유여열반과 무여열반을 증득하여 상품연꽃에 태어나니 연각승이라 이름한다. 그것은 마치 바지선으로 큰 강을 통과하는 것과 같다.

念受用佛、了悟因緣、證二涅槃、生上品蓮、名緣覺乘。其猶□艞、過於大江。

법성신의 부처님을 염하고 지혜와 자비를 아울러 운영하여 만행을 무성하게 일으키며 무상도를 이루어 범부와 소승의 세계를 뛰어넘어 상상품에 태어나니, 보살승이라 이름한다.

念法性佛、智悲並運、萬行繁興、成無上道、超凡小界、上上品生、名菩薩乘。其猶艆艒、直過大海。

또한 지명염불持名念佛은 배 한 척과 같으니, 성문승이다. 관상염불觀像念佛은 방주와 같으니, 벽지불이다. 관상염불觀想念佛은 밧줄로 이은 배와 같으니 보살승이다. 실상염불實相念佛은 배를 만드는 것과 같으니 불승이다. 성인과 범부는 곧 교화대상(所化)인 사람이고, 배와 노는 교화주체(能化)인 법이다. 그래서 이 문구를 말했으니, 이어서 마무리한다.

又持名念佛如特舟、聲聞乘也。觀像念佛如方舟、辟支佛也。觀想念佛如維舟、菩薩乘也。實相念佛如造舟、佛乘也。聖凡、卽所化人。舟楫、喻能化法。故言句、次總結。

교학도 있고 교학의 대상인 당기자當機者도 있으며, 방법도 있고 비유도 있습니다. 「교敎」는 바로 언교言敎입니다. 경전은 교敎로 부처님께서는 우리들에게 염불하라고 가르치십니다. 비유는 「**자식이 어머니를 잊지 않고 기억하듯이**」 어머니가 자식을 잊지 않고 기억하듯이 어머니와 자식이 서로 잊지 않고 기억한다. 이것이 비유입니다. 또한 「**향기에 물든 사람이 그 몸에 향기가 나듯이**」 그래서 염불당에는 항상 향광실이라는 편액이 걸려 있습니다. 「향광」이란 말은 이 장경에 나오는 「향광장엄香光莊嚴」으로 염불을 찬탄함을 가리킵니다. 그래서 우리는 향광 편액을 보면 염불법문을 닦음이라 알 수 있습니다. 이것도 비유입니다.

부처님께서 중생을 염하고 중생도 부처를 염하여 마치 어머니와 자식이 서로 잊지 않고 기억하듯 감응도교 합니다. 우리가 여기서 인을 닦아야 장래에 반드시 과보가 있습니다. 아래는 비유입니다. 달과 등은 비추는 도구이고 배와 노는 교통의 도구로 이 경전의 대용大用을 설명합니다.

염불법문의 비결은 바로 세 마디 말, 아홉 글자입니다. 첫째는 「**의심하지 않음**(不懷疑)」입니다. 자신을 의심하지 않고, 아미타부처님을 의심하지 않으며, 서방극락세계를 의심하지 않습니다. 당신은 진정으로 믿을 수 있어야 합니다. 결정코 왕생하고 결정코 성불하려면 자신을 믿어야 합니다. 내가 여기서 염불하는 것을 아미타부처님께서 아심을 믿습니다. 내가 왕생을 구하면 임종시에 부처님께서 반드시 접인하심을 믿습니다. 서방에 결정코 극락세계가 있음을 믿습니다. 그래서 당신은 신심을 구족하여 한 점 회의도 없어야 합니다.

둘째는 「**중단하지 않음**(不間斷)」입니다. 내가 서방정토에 태어나갈 구한다는 생각을 중단하지 않음입니다. 이는 대단히 중요하여 깊이 믿고 간절히 원해야 합니다. 나는 아무것도 구하지 않고 오직 서방극락세계에 왕생을 구할 뿐입니다. 이 생각을 중단하지 않아야 합니다. '우리는 아미타불을 생각하면서 아미타불을 염하길 중단하지 않겠습니다. 이것을 제외하고 그밖에는 아무것도 생각하지 않고 나는 전일하게 아미타부처님만 생각하고 전일하게 아미타부처님만 염하여 전일하게 서방극락세계에 태어나길 구하겠습니다.' 이를 중단하지 않음이라 합니다.

셋째 요결은 「**뒤섞지 않음**(不夾雜)」입니다. 많은 염불하는 사람들이 이것저것 뒤섞습니다. 이러면 골치가 아픕니다. 뒤섞으면 전일하지 않아 공부해서 얻은 힘이 파괴됩니다. 뒤섞음(夾雜)이란 경교經敎를 연구함입니다. 나는 전일하게 염불하는 사람으로 오늘 《대반야경》을 연구하고, 내일은 유식을 연구하며, 모레는 선종을 연구한다. 이러면 못씁니다. 불문 이외의 것들을 뒤섞지 않을 뿐만 아니라 정토법문을 말하지 않는 것을 우리는 보지도 말고 연구하지도 말며 전일하게 구해야 합니다. 저 대경 대론이 그렇게 좋은데, 연구하지 않으면 안타깝지 않은가?" 하고 안타까워하면 왕생할 수 없습니다! 정토를 전일하게 닦고 그 나머지 아홉 가지 종은 모두 버려야 합니다. 종 하나하나 모두 배우고 싶다면 그것은 뒤섞는 것으로 끝내 성취할 수 없습니다.

실제로 불법은 세간법과 같지 않습니다. 세간법에서는 이 일문은 알지만, 저 일문은 몰라서 「업종이 다르면 산을 사이에 둔 것 같다(隔行如隔山)」고 합니다. 불법은 이와 달리 「한 경에 통하면 일체경에 통한다(一經通一切經通)」 하여 단지 일문을 배우기만 하면 문마다 모두 통달할 수 있습니다. 이 일문을 통달하지 못하면 문마다 모두 통달하지 못합니다. 당신이 진정으로 염불을 잘 하여 일심불란에 이르도록 염하면 참선도 통하고 밀도 통하며 교도 통하여 모든 일체 불법을 통달합니다. 일심불란에 이르지 못하였을 때는 아직 안 되고 통하지 못합니다. 공부성편이어도 아직 안됩니다. 단지 정토만 이해할 뿐 다른 종파, 다른 경전에 통하지 못합니다. 만약 일심을 얻으면 일체에 통달합니다.

만약 진정으로 빨리 일체 경전을 통달하고 싶다면 한 경전을 공부하여야 비로소 통달할 수 있습니다. 왜냐하면 일체 경의 원리는 하나이므로 하나에 통하면 일체에 모두 통달할 수 있습니다. 그래서 결코 뒤섞어서는 안됩니다. 의심하지 않고 중단하지 않으며 뒤섞지 않는다는 이 원칙을 지키면 수학은 쉽게 성취할 수 있습니다. 《서방확지西方確指》에서 각명묘행覺明妙行보살께서는 이를 조금 특별하게 강조하셨습니다. 그는 말씀하시길, 정토 이외의 경전을 독송해서는 안 될 뿐만 아니라, 이는 뒤섞는 것이라 했습니다. 이것을 제외하고 그 밖에 참선을 하고 주문을 지송하며 법회를 하는 것도 뒤섞는 것입니다.

우리는 공부성편功夫成片에 이르도록 염해야 합니다. 그것은 바로 번뇌가 현행하지 않음이고, 옳고 그름 · 나와 남 · 탐진치 · 교만 이러한 망념이 작용하지 않음입니다. 그러나 아직 번뇌는 끊지 못하고, 확실히 있습니다. 다만 번뇌가 있을지라도 작용하지 않습니다. 왜냐하면 작용이 일어나면 바로 "아미타불"로 바꾸어 버리고 이 한마디 부처님 명호로 그것을 누릅니다. 고인께서는 「**돌로 풀을 누른다**(石頭壓草)」 하셨습니다. 풀을 제대로 누른다면 비록 뿌리가 있을지라도 자라지 않습니다. 이것을 공부성편이라 합니다. 이렇게 공부성편이 있으면 결정코 왕생합니다. 만약 우리가 하루 종일 옳고 그름 · 나와 남 · 탐진치 · 교만의 망념이 항상 작용을 한다면 염불공부가 작용을 일으키지 못함을 재빨리 깨달아야 합니다. 부처님 명호를 날마다 염하여도 득력하지 못해 번뇌를 누르지 못하면 마음이 청정하지 못하여 왕생할 수 없습니다. 이러므로 염불의 많고 적음은 실제로 말해 정말 상관없고, 중요한 것은 바로 당신의 부처님 명호가 번뇌를 누를 수 있는지, 하루 종일 마음을 청정하게 유지할 수 있는지에 달려 있습니다.

만약 심지를 청정히 유지할 수 있다면 결정코 왕생합니다. 마음이 청정한 즉 국토가 청정하고, 아미타부처님과 감응도교感應道交합니다. 만약 누르지 못하면 마음속에는 여전히 옳고 그름 · 나와 남 · 탐진치 교만이 있고 육도윤회의 업을 지어서 육도윤회의 과보를 받으니, 이는 정업淨業이 아닙니다. 그래서 자신이 깨달아야 결정코 윤회의 업을 짓지 않습니다. 세속 인연을 내려놓고 인연에 수순하며 더 이상 이런 일을 하지 않아야 깨달음이라 합니다. 나는 더 이상 옳고 그름·나와 남을 따지지 않고 탐진치·교만을 부리지 않습니다. 이것이 바로 크게 사무쳐 크게 깨달음이고 정업淨業을 전수專修함입니다.

南無 大勢至菩薩
不假方便自得心開

방편方便을
빌리지 않아도
마음이 열리는
염불원통법

만약 중생이 심념으로 부처님을 잊지 않고 기억하며 부처님을 심념에 매어둔다면 현전이나 당래에 반드시 결정코 부처님을 친견하고, 부처님과 멀리 떨어지지 않아 방편을 빌리지 않아도 저절로 자심이 열릴지니라. 향기에 물든 사람이 그 몸에 향기가 나듯 이와 같으면 이름을 향광장엄香光莊嚴이라 하느니라 하셨습니다. 저는 본래 인지에서 염불심으로 무생법인에 들어갔나니, 지금 이 사바세계에서 염불인을 모두 섭수하여 서방정토로 돌아가게 하겠나이다.

_능엄경 대세지보살염불원통장

Ⅱ. 장을 열고 경문을 해석함 (開章釋文)

[간략한 표명: 略標]

이 경을 해석함에 다섯 문으로 분별한다. 첫째 문은 가르침을 일으킨 인연이다. 둘째 문은 장藏·승乘·교敎로의 섭수이다. 셋째 문은 종지와 귀취이다. 넷째 문은 제목 이름의 간략한 해석이다. 다섯째 문은 경문 뜻의 상세한 해석이다.

將解此經、五門分別。一敎起因緣。二藏乘敎攝。三宗趣旨歸。四略釋題名。五詳解文義。

처음 두 구는 총서總敍이다. 「첫째 문」 이하는 별열別列이다. 이 열은 반야소의般若疏意로 간략히 다섯 장을 연다. 앞쪽 셋은 의문義門이고, 뒤쪽 둘은 정석正釋이다.

初二句、總敍。一下、別列。此例般若疏意、略開五章。前三義門、後二正釋。

이 다섯 문에서 앞쪽 셋은 대의大意이고, 뒤쪽 둘은 정식으로 우리에게 경전을 강설합니다.

[상세한 해석: 詳解]

[제1문] 염불법문의 가르침을 일으킨 인연 (敎起因緣)

첫째 문은 가르침을 일으킨 인연이다. 《대지도론》에 이르시길, "수미산처럼 인연이 없어서도 안 되고 작은 인연으로도 안 된다." 하셨다. 염불법문의 가르침을 일으킴도 또한 이와 같아 많은 인연을 갖추고 있다.

初敎起因緣者。智度論云。如須彌山、非無因緣、非少因緣、令得振動。念佛敎興、亦復如是。具多因緣。

처음 문구는 거듭 말하는 것을 표함이고, 「지도론」 이하는 뜻을 풀이함으로 두 가지가 있다. 우선 인용하여 증명한다. 「수미산처럼」 이하는 비유이다. 「염불」 이하는 계합이다.

[주해] 初句、標牒。智下、釋義、二。先引證。如須彌下、喻也。念佛下、合也。

불법은 인연으로 생깁니다. 인연이 없으면 부처님께서 아무런 연고도 없이 이 세간에 출현하실 리 없습니다. 인연은 결코 한 가지에만 그치지 않고 여러 가지가 있지만, 여러 인연에서 반드시 하나의 주요한 인연이 있기 마련입니다. 가장 중요한 인연은 《화엄경》과 《법화경》에서 말씀하시길 "부처님께서는 일대사 인연으로 세상에 출현하신다." 하셨습니다. 일대사 인연은 「부처님의 지견을 열어 보이시고 깨달아 들어가게 함(開示悟入佛之知見)」입니다. 《법화경》에서 이렇게 설법하실 뿐만 아니라 《화엄경》에서도 마찬가지로 이렇게 설법하십니다.

일체중생은 미혹하여 정지정견正知正見을 잃어버려 육도윤회가 있으니, 그 괴로움은 말로 다 할 수 없습니다. 불보살께서는 수많은 중생들이 여전히 미혹·전도되어 있음을 보시고 대자비심으로 이른바 자항慈航의 배를 타고 돌아와 우리가 윤회를 벗어나도록 도우시고 우리 자신의 정지정견을 회복시키십니다. 이것을 진정한 자비라고 합니다.

이 단락에서는 비유를 들어 말씀하십니다. 이 비유는 《대지도론》의 말씀입니다. 수미산은 가장 큰 산으로 이를 흔들려면 쉽게 할 수 없는 일입니다. 그래서 아무런 연고 없이 그것을 움직일 수 없다고 말씀하십니다. 작은 인연으로도 수미산을 움직일 수 없고 반드시 매우 큰 인연이라야 수미산을 움직일 수 있습니다. 이 비유를 가지고 부처님께서 세간에 출현하여 특히 부처님께서 염불법문을 말씀하신 것에 견줍니다. 무량한 인연은 열 개 항목으로 귀납됩니다.

첫째 인연은 지름길의 수행문로를 나섬을 가리키는 연고이다.

一指出捷徑修行門路故。

「첫째」 이하, 다음 정석正釋이다. 《능엄경》에 이르시길, "처음 발심하여 수행하여 삼매에 들지만, 근성이 달라 늦거나 빠르니라."[11] 하셨다. 그래서 다른 법문으로 도를 배우면 우회하여 험난하니, 마치 개미산과 같다. 염불일문은 고덕께서 지름길이라 하셨나니, 마치 바람 같고 물 같다.[12] 선도대사께서 이르시길, 오직 지름길 수행이 있으니 다만 아미타불만 염할 뿐, 하물며 지금 명호를 수지함이랴. 질러가고 또 질러가는 것이다. 만약 일생에 결판을 내려면 마땅히 이 법을 마음에 담아둘지라.

一下、次正釋。楞嚴云。初心入三昧、遲速不同倫。故知餘門學道、紆迴險難、猶如蟻山。念佛一門、古稱徑路、好似風水。善導云。唯有徑路修行、但念阿彌陀佛。況今持名、徑而又徑者也。若欲一生取辦、當於是法留心。

수행 이 두 글자를 똑똑히 알아야 합니다. 행위를 잘못하면 그것을 수정하는 것이 수행입니다. 행위는 매우 많아서 어디서

---

11) "만약 처음 발심하고 수행하여 삼매에 들면 바로 정정정수正定正受에 들어감이다. 여기서도 분별이 있으니 이 사람의 근성이 달라서 빠르기도 하고 느리기도 하다." 《대불정수능엄경강기》 담허대사

12) "다른 법으로 도를 배우면 만 리나 매우 멀지만, 염불왕생은 고덕께서 지름길이라 불렀다. 그러나 염불일법에도 많은 문이 있으니, 지금 이 지명염불은 지름길 중에서도 질러가고 또 질러간다." 《미타소초》 연지대사

부터 말할까요? 불법은 무량무변의 행위를 신身·어語·의意 세 가지 범주로 귀납시킵니다. 행위가 아무리 많아도 이 세 범주를 벗어나지 못합니다. 신身은 바로 당신이 몸을 조작함입니다. 이는 신업의 행위라 합니다. 어語는 언어이고, 의意는 마음속의 생각으로 마음속 행위입니다. 그래서 신어의 삼업에 과실이 있습니다. 예컨대 우리의 의업에, 우리의 사상·견해·의견에 편차가 있고 잘못이 있다면 그것을 수정해야 합니다. 삼업의 행위에서 의업을 중심으로 삼아 뜻이 청정하면 언어는 신체의 조작을 따라 청정하지 않음이 없습니다. 그래서 마음이 청정하면 반드시 몸이 청정하지만, 몸이 청정하다고 해서 마음이 청정하다고 생각되지 않습니다. 신심이 청정하면 바깥 경계도 반드시 청정하고 세계도 반드시 청정합니다. 그래서 수행은 마음을 중심으로 삼습니다. 청정이 절정에 이르면 부처라 합니다. 부처님은 바로 삼업이 완전히 청정합니다. 불화를 보면 부처님 정수리 위에 원광이 있고 광명 위에 「옴아훔唵阿吽」 범문의 세 글자가 있습니다. 이 세 글자는 바로 삼업이 청정하다는 뜻입니다. 옴唵은 몸이 청정함이고, 아阿는 말이 청정함이며, 훔吽은 뜻이 청정함입니다. 이를 수행이라고 합니다. 수행은 바로 삼업을 닦아 행을 청정히 함입니다.

수행은 빨리 성취하여야 하고, 지름길로 가야 합니다. 부처님께서는 수행을 통해 범부에서 성불에 이르는 가장 가까운 길, 가장 질러가고 가장 빠른 방법은 바로 염불임을 가리켜 주셨습니다. 팔만사천 법문에서 이 보다 빠른 것은 없고, 이 보다 온당한 것은 없으며, 이 보다 믿음직한 것은 없습니다. 이 법문을 우리에게 가르쳐주신 것이 제일의 인연입니다. 이는 아미타부처님의 바램일 뿐만 아니라 시방삼세 일체제불께서도 일체중생이 모두 즉시 성불하시길 간절히 바라십니다. 부처님께서는 확실히 우리를 도울 수 있는 방법도 있고 능력도 있는데, 우리가 믿지 않고 받아들이지 않으며 가르침대로 봉행하지 않으니 방법이 없습니다. 만약 우리가 믿고 기꺼이 실천하면 확실히 부처님의 바람대로 우리는 매우 빨리 성취할 수 있습니다. 3대아승지겁도, 보살의 51단계도, 이런 번거로운 일도 거치지 않아도 됩니다! 그래서 이 법문은 불가사의하고 제일의 인연입니다.

둘째 인연은 응당 사람에게 자심불自心佛을 염함을 곧장 보이게 하는 연고이다.

二直示當人念自心佛故。

둘째 이하, 《관경》에 이르시길, "이 마음 그대로 부처가 되고 이 마음 그대로 부처이니라. 제불의 정변지正遍知 바다는 심상에서 생겨난다." 하셨다. 이런 까닭에 사람에게 염불을 가르침은 곧 자심불自心佛을 염함이다.

二下、觀經云。是心作佛、是心是佛。諸佛正遍知海、從心想生。是故教人念佛、卽念自心佛也。

단도직입적으로 우리 자신에게 어떤 부처님을 염하라고 가르칩니까? 자심불自心佛을 염해야 합니다. 이는 바로 《관경》에서 말씀하신 「**시심작불是心作佛 시심시불是心是佛**」입니다. 이 일구에서는 염불하여 성불하는 이론을 우리에게 일러줍니다. 그래서 우리는 비로소 진정으로 믿을 수 있습니다. **자심불自心佛과 타심불他心佛**, 이는 부처님께서 중생에 수순하여 말씀하신 것으로 자심불은 타심불과 둘이 아닙니다. 미혹한 사람은 둘이라 말하지만, 깨달은 사람은 하나임을 압니다. 이는 매우 알기 어렵습니다. 우리는 여전히 비유로 말하고 꿈을 꾸는 것으로 말합니다. 꿈을 꿀 때 우리 자신이 꿈을 꾸고 있는지 모를지라도, 꿈속에서는 자신이 있기 마련입니다. 우리는 다들 꿈을 꾼 경험이 있습니다. 꿈을 꿀 때 꿈을 꾸고 있는지, 꿈 가운데 자신이 있는지? 꿈을 꾸지 않았는지, 꿈속에 자신이 없는지? 생각해보십시오. 꿈속에 자신이 없다면 꿈은 없습니다. 반드시 자신이 있습니다. 자신도 있고 다른 사람도 있으며, 산하대지도 있어 이른바 의보정보가 모두 갖추어져 있는데, 어디에서 옵니까? 생각해보면 불법에 대해 상당히 깊은 이해가 생기고, 문득 깨달을 수 있습니다!

꿈속의 자신도 자신이고, 꿈속에서 다른 사람도 여전히 자신으로 자신이 변하여 나타난 것입니다. 마음 바깥에 꿈은 없고, 꿈 바깥에 마음은 없습니다. 꿈은 전부 자신이 마음속에 변하여 나타난 것입니다. 바깥의 물건이 꿈속의 경계로 달려간다고 말할 수 없습니다. 이는 당신 자신이 꿈속 경계에 변하여 나타난 것입니다. 원래 자타가 하나이고 둘이 아님을 깨달아야 합니다. **꿈속의 자신은 일체 사람과 하나일 뿐만 아니라 전부 나의 자심이 변하여 나타난 것이고, 산하대지 · 허공 모두가 나의 자성이 변하여 나타난 것입니다.** 이때 당신은 진허공 · 변법계가 바로 나 자신임을 명료하게 이해할 수 있습니다. 이러한 이치를 잘 이해하면 서방극락세계도 우리 자신의 진여본성이 변하여 나타난 것이고, 아미타부처님과 관세음 · 대세지보살도 자성이 변하여 나타난 것입니다. 자성을 제외하고 그 밖에는 경전의 말씀대로 "마음 바깥에 법이 없고 법 바깥에 마음이 없습니다." 서방극락세계 아미타불을 염함이 바로 자성미타自性彌陀를 염하는 것이고, 서방극락세계에 태어남이 바로 자성정토自性淨土에 태어남입니다. 그래서 미혹한 사람은 안팎을 나누고 자타를 나누어 갖가지 허망한 분별 · 집착을 일으키지만, 깨달은 사람은 진허공 · 변법계가 나 자신임을 압니다. 당신은 진정으로 이런 경계에 들어가야 합니다. 그러면 당신은 이미 청정법신을 증득하였습니다.

내가 진정으로 진허공 · 변법계가 모두 나 자신임을 승인하면 이를 법신法身이라 합니다. 이는 사실로 사람마다 모두 이와 같습니다. 그러나 당신이 승인하지 않으면 그것은 그것이고 나는 나입니다. 그는 나가 아니고 나도 그가 아니라 구분한다면 어떤 방법이 있겠습니까? 꿈속에서 다른 사람을 보고 그와 싸우는데, 그 사람이 자신이 변하여 나타난 것을 모른다면 이는 미혹 · 전도된 것입니다. 불보살께서는 이런 사실 · 진상을 압니다. 그래서 불보살님의 일체중생에 대한 자비는 무연자비로 아무런 조건이 없습니다. 동체대비로 진허공·변법계와 동일한 본체입니다. 그래서 부처님의 대자대비는 아무런 조건이 없고, 청정 평등합니다. 이 부분에서 부처님께서 왜 우리에게 염불법문을 가르쳐주셨는지, 염불법문이 얼마나 중요한지 드러납니다.

셋째 인연은 부처님의 심성으로 깨달아 들어가게 하는 연고이다.

三欲令悟入佛之心性故。

「셋째」 이하, 「부처님의 심성」이란 《능엄경》에 이르시길, "나는 묘명妙明의 멸하지도 생기지도 않음으로써 여래장과 합한다. 여래장은 오직 묘각명妙覺明일 뿐으로 이것은 원만하게 법계를 비출 수 있다."[13] 하셨다. 《법계무차별론法界無差別

13) 부처님께서는 자신의 어조로 「나는 묘명의 멸하지도 생기지도 않음으로써 여래장과 합한다.」 말씀하신다. 부처님께서는 여래장에 서로 기울기도, 서로 빼앗기도 하고, 멸하지도 생하지도 않음으로써 여래장과 합한다. 바로 이 말씀에서 중요한 것은 이 묘명妙明에 있다. 어째서 묘명이라 하는가? 묘에 대해서 우리는 마음속으로 생각할 수 없고, 입으로 의논할 수도 없는 여전히 무엇이 있는가? 바로 명明이다. 이는 명명백백 바로 사람의 본심이다. 이 본심은 영원히 생하지 않고 영원히 멸하지 않는다. 그것은 서로 기울고 서로 빼앗으면 그것은 색공이 있고 생명이 있다. 무엇으로 인해 성불하는가? 바로 묘명妙明 이 두 글자로 타당하다. 이 이치를 명백히 알고 이에 비추어 관념을 일으키는 것이 바로 성불의 길 위를 걷는

論》에 이르시길, "이 심성은 밝고 깨끗해 법계와 동체이다. 여래께서는 이 마음에 의지해 부사의법을 설한다. 곧 부처님께서는 여래장 청정법성으로써 마음을 삼으심을 알지라." 하셨다. 「깨달아 들어가게 함」이란 《기신론》에 이르시길, "진여의 자체상이란 범부와 제불은 증감이 없느니라."14) 하셨다. 《능엄경》에서 부루나가 말하길, "저와 여래께서는 보각寶覺이 원명圓明하고, 진실한 묘정심妙淨心이 원만하여 둘이 없습니다."15) 하셨다. 《관경》에 이르시길, "그대들의

것이다. 이어서 여래장에 어떤 좋은 점이 있는지 말씀하신다. 「여래장」은 별다른 것이 없고, 「오직 홀로 묘각명妙覺明 뿐이다.」 묘각妙覺은 입으로 의논할 수도 마음으로 생각할 수 없는 지각知覺이고, 묘명妙明은 밝게 또렷하게 「법계를 원만히 비춘다」, 법계는 바로 시방세계이다. 그는 진실로 법계를 원만히 비출 수 있다. 법계를 원만히 비출 수 있으면 모두 여래장을 성취한다. 《대불수능엄경강기》 담허대사

14) 청정법淸淨法은 진여의 체상과 용用에서 나오지 않는다. 지금 먼저 말하길 「진여자체상眞如自體相」, 청정법의 끊어지지 않음을 밝힌다. 진여의 체로부터 말하면 말을 여의고 무념이다. 말에 의지해 시설하면 단지 진여불공이라 말할 수 있을 뿐이다. 진여불공을 말함은 실제로 여전히 진여를 여의지 않는 상을 기준으로 말하고, 상에 의지해 상에 즉한 자체를 밝힌다. 진여자체상은 「일체범부·성문·연각·보살·제불」의 몸 가운데 모두 같다. 성문·연각·보살은 수행과정에 있는 삼승의 성자이고, 범부는 수행이 없거나 수행하여도 증득이 없는 구박중생이다. 제불은 구경원만한 대각자로 성불하여 다함없는 공덕이 현현할지라도 아무것도 증가한 것이 없다. 생사에 유전하는 중생도 아무것도 감소한 것이 없다. 일체 범부와 성인은 모두 이와 같다. 그래서 「증감이 없다」 함은 시간성을 뛰어넘는다. 《대승기신론강기》 인순법사

15) 사람이 미혹하고 깨닫는 인연은 본래 자성이 없다. 그래서 부루나 존자는 "저와 여래께서는 보각寶覺이 원명圓明하고, 진실한 묘정심妙淨心이 원만하여 둘이 없습니다."라고 말하였다. 이는 말하는 사

마음에 부처님을 생각할 때 이 마음 그대로 부처님의 32상과 80수형호이다." 하셨다. 이런 까닭에 중생이 자심불을 염할 때 곧 부처님의 심성에 깨달아 들어갈 수 있다.

三下、佛心性者。楞嚴云。我以不滅不生、合如來藏。而如來藏、唯妙覺明、圓照法界。無差別論云。此心性明潔、與法界同體。如來依此心、說不思議法。則知佛以如來藏淨法性、爲心也。令悟入者。起信云。眞如自體相者、凡夫諸佛、無有增減。楞嚴富樓那言。我與如來、寶覺圓明、眞妙淨心、無二圓滿。觀經云。汝等心想佛時、是心卽是三十二相、八十隨形好。是故衆生念心佛時、卽能悟入佛心性也。

이는 바로 성불을 말합니다. 어떻게 해야 부처님의 심성으로

람의 연기로 부루나 존자는 더 말할 것도 없이 당연히 근본 상에서 부처님과 같다. 「보각원명寶覺圓明」이라 말함은 보寶는 영원히 변하여 허물어지지 않는다는 뜻이다! 세간의 금옥진주도 보배라 하지만 보각과 견줄 수 없다. 이 귀중한 지각知覺은 영원히 무너지지 않고 항상 원명하다. 원圓은 모자람도 남음도 없고, 없는 곳도 아닌 것도 없다. 그래서 보각의 이것은 명백히 원융무애하고 일체처에 두루 가득하다고 말한다. 이는 말하는 사람의 각성覺性이 이와 같아 이어서 「진묘정심眞妙淨心」을 말한다. 그는 성性을 체로 삼고, 심心을 용으로 삼는다. 체용이 서로 여의지 않아 각성은 원명하고 명백하지 않는 곳이 없다. 이 「진묘정심眞妙淨心」에서 진眞은 허망함이 없어 바로 불가사의한 지각심知覺心이고, 정淨은 바로 뒤섞여 물듦이 없다. 이 청정심은 마음으로 생각할 수 없고 입으로 의논할 수 없어 묘정심妙淨心이라 한다. 이는 사람마다 본래 갖추고 있어 제불과 중생 중 누구도 많지 않고 적지 않으며, 발견한 것도 있고 발견하지 못한 것도 있다고 말한다. 미혹이 있으면 승인하지 못하고, 부처님께서는 완전히 승인한다. 이 「보각원명 진묘정심」도 수련하여 나오는 것이 아니라 본래 이와 같다. 우리가 미혹하고 몽매하여 이러한 이치를 알아야 수련할 필요 없이 현성現成하는 것이다. 《대불수능엄경강기》 담허대사

깨달아 들어갈 수 있고, 부처님의 경계로 깨달아 들어갈 수 있습니까? 염불입니다. 이 경전에서 말씀하시길, "**방편을 빌리지 않고 저절로 자심이 열릴지니라**(不假方便 自得心開)." 하셨습니다. 염불 이 방법으로 부처님의 심성으로 깨달아 들어갈 수 있습니다. 이 일구는 바로 선종에서 말하는 명심견성明心見性 견성성불見性成佛입니다. 선종의 방법은 매우 골치 아픕니다. 마음을 관하고 화두를 참하는 이런 방법은 간단치 않습니다. 그러나 정종에서는 한마디 아미타불로 매우 쉽습니다. 선종에서 참구를 잘못하면 마의 경계에 들어가기 쉽지만, 이 한마디 아미타불로는 결코 마의 경계에 집착하지 않고 온당하게 반드시 성취합니다.

넷째 인연은 중생 · 부처 · 마음은 차별이 없음을 드러내는 연고이다.

四爲顯生佛心無差別故。

넷째 이하, 《법계무차별론》에 이르시길, "중생계는 법신과 다르지 않으니, 법신이 바로 중생계이니라." 하셨다. 《관경》에 이르시길, "제불 여래께서는 법계신으로 일체중생의 심상 가운데 들어가느니라." 하셨다. (원통장) 아래(경문)에 이르시길, "만약 중생이 심념으로 부처님을 기억하여 잊지 않으면 현전에서 반드시 부처님을 친견하리라." 하셨다.

四下、無差別論云。衆生界不異法身、法身卽是衆生界。觀經云。諸佛如來、是法界身、入一切衆生心想中。下云。若衆生心憶佛、現前必定見佛。則此法門、能顯心佛衆生、三無差別也。

이는 앞에서 말한 「마음 · 부처 · 중생 이 셋은 차별이 없다」는 말씀과 같습니다. 부처님이 중생을 염하고 중생이 부처를 염하면, 이는 하나이되 둘이 아닙니다. 주해에서는 《관무량수경》의 말씀과 이 장경의 말씀을 인용합니다. 심성으로 깨달아 들어가면 이 셋은 차별이 없습니다.

[보충1] 「제불여래께서는 이 법계신으로」, 여기는 신토불이의 매우 깊은 이치가 담겨져 있습니다. 불문에서는 "마음 · 부처 · 중생 이 셋은 차별이 없다." 늘 말합니다. 이 일구는 이 셋이 차별이 없는 현상을 드러내 보이는데, 사와 이가 모두 그 가운데 있습니다. 「제불여래」에는 아미타부처님 한 분 부처님일 뿐만 아니라 시방삼세 모든 일체제불과 부처님 이외에 보살도 있고, 연각도 있으며, 성문도 있고, 육도중생도 들어있습니다. 말 그대로 중생과 부처는 둘이 아닙니다. 바꾸어 말하면 진허공 변법계 일체 유정중생이 모두 제불여래 4글자에 포함되어 있습니다. 그래서 우리는 단순히 글자로서의 "제불여래"라고만 보아서는 안됩니다. 그것은 실로 어리석습니다. 부처님 이하 모든 일체 유정중생은 법계신, 바로 법계의 본체입니다. 다시 말해 법계의 본체가 바로 이들 유정무정의 일체중생입니다. 그래서 《화엄경》에서 말씀하시길, "**유정과 무정이 함께 원만한 일체종지를 이루**

었다(情與無情 同圓種智).” 하셨습니다.

「일체중생의 심상 가운데로 들어간다」, 「마음」은 법계의 본체입니다. 제불여래의 이 법계신은 마음이 변하여 나타난 것입니다. 그래서 「유심소현唯心所現 유식소변唯識所變」이라 하였습니다. 상想은 제6식입니다. 실제로 이 상은 팔식 모두 분별 집착이 있는 의식입니다. 팔식에서 이 상의 능력에서 가장 수승한 것은 6식입니다. 우리는 그것이 의식을 지음, 능변能變이라고 부릅니다. 법계는 본래 일진一眞이지만, 십법계나 육도로 바뀌어 온갖 것으로 변화합니다. 이 변화를 주재할 수 있는 역량이 바로 상想입니다.

만약 우리가 이 사실, 이 원리를 안다면 잘 될 것입니다! 나는 부처가 되고 싶고, 그래서 날마다 부처님을 생각하면 잘 됩니다. 부처님을 생각하면 부처를 이루고 보살을 생각하면 보살을 이룹니다. 일체법은 심상에서 생겨납니다. 그래서 이 경전에서는 우리에게 다른 것을 생각하지 말고 부처님을 생각하라고 가르칩니다. 왜 그렇습니까? 오직 홀로 부처님만이 순수한 즐거움으로 괴로움이 없습니다. 보살은 9분의 즐거움에 여전히 1분의 괴로움이 있고, 벽지불은 2분의 괴로움에 8분의 즐거움이 있습니다. 아래로 내려가면 지옥은 순수한 괴로움으로 즐거움이 없습니다. 정말 괴로움을 여의고 즐거움을 얻고 싶으면 부처님을 생각하는 것이 가장 수승합니다. 오직 홀로 부처님만이 구경원만을 얻습니다. 제불여래께서는 우리에게 부처님을 생각하라

고 권하십니다. _《관무량수경강기》 정공 큰스님

「중생심衆生心」이란 「입으로 염할지라도 마음으로 염하지 않음을 가려냄이다(揀口念而心不念也)」[16] 그러면 쓸모가 없습니다. 구념口念은 입으로 염하여 심념心念을 움직이게 함입니다. 그래서 고인께서는 우리에게 **염불할 때 이 부처님 명호는 마음에서 생겨나고, 입에서 칭념이 나오며, 다시 귀에서 들어서 이렇게 마음을 섭수할 수 있으면 마음은 망상을 짓지 않는다**고 가르쳐 주셨습니다. 그래서 염불에서 중요한 것은 우리의 일체 잡념과 망상을 심념心念으로 바꾸어야 공부가 득력한다고 합니다. 한편으로는 염불하면서 한편으로는 망상을 짓는다면 쓸모가 없습니다. 마음속으로 부처님을 생각하면 입으로 칭념하지 않아도 됩니다. 그래서 염불할 때 심념에 중점을 두어야 합니다.

「억憶」이란 「잊지 않고 기억함(記持不忘)」입니다. 염념마다 잊지 않으려면 경전을 잘 알아야 합니다. 경전을 잘 알지 못하면 부처님의 경계를 생각할 방법이 없습니다. 예컨대 부처님의 상호를 말하면 경전에서는 부처님께 32상 80종호가 있다고 말씀하십니다. 만약 이를 모른다면 생각할 수 없습니다. 서방극락세계의 갖가지 의정장엄이 또렷하지 않다면 생각을 일으키지

16) "「일심불란一心不亂」은 집지執持의 절정으로 한 경전의 요지이다. 「심」이란 입으로 염송할지라도 마음으로 염하지 않음을 가려냄이다. 「일」이란 마음으로 염할지라도 염이 한결같지 않음을 가려냄이다. 「불란」은 염이 한결같을지라도 어느 때이든 한결같지 않음을 가려냄이다. 「일심불란」이면 정업淨業의 능사能事는 끝났다. 정업淨業의 일을 능히 끝마친다." 《정토신종淨土晨鐘》 주극복周克復 찬

못합니다. 그래서 경전을 반드시 잘 알아야 합니다. 이것이 날마다 경전을 염송하는 이유이고 이치가 여기에 있습니다. 오래 염송하면 경전은 매우 친숙해집니다. 서방극락세계를 어느 각도에서 보든지 상관없이 모두 또렷하고 명백해집니다. 그래야 기억하여 잊지 않을 수 있고 언제 어디서든지 생각할 수 있습니다. 비유컨대 집 한 채를 본다고 하면 극락세계 부처님께서 머무시는 궁전이 생각나고 극락세계 일반인, 바로 그 보살들이 머무는 집이 연상될 것입니다. 땅을 보면 극락세계의 땅이 모두 유리로 되어 있음을 알 것입니다. 길을 보면 극락세계 사람들이 걷는 길은 황금이 깔린 길입니다. 우리가 사는 세상의 길은 아스팔트길이면 괜찮아 보이지만, 서방극락세계의 도로는 황금으로 포장합니다. 극락세계 사람들은 그곳의 물질자원이 매우 넉넉하고 황금이 너무나 많아 도로를 포장하는데 씁니다. 궁전의 건축 재료가 칠보입니다. 우리가 사는 세계는 진주와 유리는 모두 귀해서 얻을 수 없지만 그곳 사람들은 건축 재료로 사용할 정도로 넉넉합니다. 그래서 경전을 잘 알지 못하면 상상할 수 없습니다. **경전 내용을 잘 알게 된 후 우리의 육근이 육진경계를 접촉할 때마다 모두 서방극락세계가 생각납니다. 이것이 바로 「기억하여 잊지 않음」입니다.**

「염念은 반연을 마음에 매어둠이다(念繫緣在懷也)」, 염念은 바로 언제나 계념繫念하여 이 일심으로 계념한다는 뜻입니다. 「또한 **처음에는 우연히 억지로 기억함을 억憶이라 말하고, 나중에는 오랫동안 무르익어 반연을 벗어나 염함을 염念이라 한다.**(又初時偶

然勉強記憶 曰憶 後時長久熟脫緣念 曰念)」 처음 배울 때는 억憶이지만 언제나 생각하면 이후에는 생각하지 않아도 저절로 현전하는 것을 염念이라 합니다. 그래서 염念은 억憶에 비해 공부가 훨씬 더 깊습니다. 처음 배울 때는 억憶이지만 언제나 생각하면 이후에는 생각하지 않아도 저절로 현전하는 것을 염念이라 합니다. 그래서 염念은 억憶에 비해 공부가 훨씬 더 깊습니다. 「또한 **억憶은 잠깐 염하여 한번 기억함을 이르고, 염念은 자주 기억하여 언제나 염함을 이른다**(又憶是暫念 一憶之謂 念是數憶 常念之謂)」, 이는 염念과 억憶을 간별揀別하는 정의입니다.

「사事에서 억념하며 전일한 마음으로 주의를 기울여 조금도 잡연이 없다(若事憶念 則專心注意 毫無雜緣)」, 이는 사事로 우리들에게 현전하는 경계입니다. 우리가 경전에서 설하신 대로 언제나 생각하고 언제나 마음을 내려놓고서 다른 잡념 망상이 일어나지 않도록 함을 염불이라 합니다. 만약 아미타부처님을 생각하지 않고 서방극락세계 의정장엄을 생각하지 않고, 이 세계의 옳고 그름·나와 남·탐진치·교만을 생각하면 이는 바로 육도윤회의 업을 짓는 것입니다. 서방극락세계의 업을 짓는 것을 정업淨業이라 하고, 그 과보로 서방극락세계에 왕생하는 것입니다. _《대세지염불원통장소초강기》, 정공 큰스님

다섯째 인연은 범부와 외도를 제도하여 삼계를 가로로 뛰어넘게 하는 연고이다.

五度脫凡外橫超三界故。

다섯째 이하, 범부와 외도는 견사혹으로 말미암아 업을 일으켜 과보를 감득하여 쉬지 않고 윤회의 바퀴를 굴린다. 나머지 법에 의지해 닦으면 줄곧 미혹을 끊어야 비로소 벗어날 수 있다. 이를 삼계를 세로로 벗어남이라 한다. 오직 염불문은 미혹을 지닌 채 왕생하니 삼계를 가로로 벗어남이라 한다. 벌레가 대나무에서 세로로 가면 마디마디를 거쳐 꿰뚫기 어렵고, 가로로 가면 한꺼번에 꿰뚫어 벗어난다. 동강법사께서 이르시길, 가로로 벗어남이란 진제眞諦의 연에 의지해 제도 받아 지위를 뛰어넘어 건너는 것이다. 과거를 치르듯이 모름지기 재주와 배움이 있어야 역임·전관하여 비로소 공효가 있다. 가로로 벗어남이란 염불법문은 과거를 치르지 않고 음서蔭敘로 들어가듯이 공은 조부의 타력으로 말미암고 학문의 유무를 논하지 않는다. 또한 홍은을 베풀어 두루 전관하듯이 공은 국왕으로 말미암고 역임의 깊고 얕음을 논하지 않는다.

五下、凡夫外道、由見思惑、起業感報、輪轉不休。依餘法修、直至惑盡、始得出離。名爲豎出三界。唯念佛門、帶惑往生、名爲橫出三界。如蟲在竹、豎則歷節難通、橫則一時透脫。桐江法師云。豎出者、依諦緣度、歷涉地位。如取科第、須有才學。如歷任轉官、須有功効。橫出者、念佛法門、如入蔭敘、功由祖父他力、不論學問有無。又如覃恩普轉、功由國王、不論歷任淺深。

범부와 외도가 육도윤회를 벗어나길 원한다면 상당히 쉽지 않습니다. 일체 법문은 모두 업을 끊고 '세로로 벗어남'(竪出)이라 합니다. 오직 홀로 이 법문만이 업을 지낸 채 '가로로 벗어남'(橫超)이라 합니다. 육도에서 아래쪽은 지옥이고 지옥 위쪽은 아귀이며, 아귀에서 더 위쪽은 축생이고 축생 위쪽은 인간이며, 인도 위쪽은 욕계천 · 색계천 · 무색계천입니다. 삼계를 뛰어넘고 싶으면 반드시 인간으로 태어나 수행해야 합니다. 색계천 · 무색계천까지 닦으면 이는 사천팔정四禪八定이고, 팔정八定에 이르면 무색계천입니다. 다시 닦아서 구정九定을 이루면 삼계를 뛰어넘습니다. 그래서 아라한은 구차제정九次第定으로 팔정에 비해 높아서 결코 쉬운 일이 아닙니다. 그래서 초과 아라한을 증득한 후 천상 · 인간으로 일곱 차례 왕래하여야 구차제정을 닦을 수 있고 삼계를 벗어날 수 있습니다. 이는 매우 골치 아픈 일로 온갖 고통을 다 겪어야 하고 겪어야 하는 시간도 오래입니다. 그러나 정토법문은 이러한 골치 아픈 일이 겪지 않아도 됩니다. 마치 벌레가 대나무를 뚫는 것처럼 몰래 빠져갑니다. 이 법문은 미묘하고 절묘합니다. 그래서 "**삼계를 가로로 뛰어넘는다**"(橫超三界) 합니다. 그래서 일생에 성공할 수 있고, 이는 기타 법문에는 없는 것입니다.

여섯째 인연은 권교 · 소승을 접인하여 불과를 원만히 이루게 하는 연고이다.

六接引權小圓成佛果故。

여섯째 이하 (대비심을 발한) 보살은 여섯 가지 마음[17]으로 인해 성문에 떨어져 진겁에 돌아오지 않으니, 마치 암라나무 꽃과 물고기 알과 같아서 인중에서는 비록 많지만 과를 맺는 이는 적다. 만약 염불하여 세 가지 마음[18]을 원만히 발할 수 있다면 저절로 권교를 바꾸어 실교를 이루고 소승을 돌려서 대승으로 향하니, 마치 저 백의로 갑자기 귀하게 되고 평지에서 신선의 세계로 가는 사람과 같다. 그래서 《무량수경》에 이르시길, "보살이 중생으로 하여금 속히 무상보리에

---

17) "모든 보살은 섭선법계攝善法戒를 부지런히 닦아 익히는 때 대략 여섯 가지 마음(六心)을 잘 관찰하여야 한다. 무엇이 여섯인가? 첫째는 업신여기는 마음(輕蔑心)이며, 둘째는 게으름이 함께 행해지는 마음(懈怠俱行心)이며, 셋째는 덮어 가림이 있는 마음(有覆蔽心)이며, 넷째는 힘쓰다가 피로로 권태 있는 마음(勤勞倦心)이며, 다섯째는 병이 따라 다니는 마음(病隨行心)이며, 여섯째는 장애가 따라 다니는 마음(障隨行心)이다. …보살은 이 여섯 가지 마음에서 어느 하나라도 앞에 나타나서 행해짐이 있는지 없는지 바르게 자세히 살펴야 한다. 앞의 세 가지 마음을 보살은 한결같이 일으키지 말아야 하고, 설령 일으킨다 하여도 참아 받지 않아야 하며, 만약 참아 받으면서 버리지 않는다면 모두 죄가 있다고 한다." 《유가사지론瑜伽師地論》

18) "대지혜로써 위로 불도를 구하겠나이다. 이와 같이 발심하면 하나의 발심이 일체의 발심이니 세 가지 마음을 원만히 발한다고 이름한다. 세 가지 마음이란 《관무량수경》에서 말씀하듯이 첫째는 지성심至誠心으로, 직심直心으로 진여법을 정염正念하는 까닭에 지성직심으로써 진성보리眞誠菩提와 상응한다. 둘째는 심심深心으로 일체 선근을 즐겨 익히는 까닭에 온갖 선본을 심음으로써 실지보리實智菩提와 상응한다. 셋째는 회향발원심이니, 이른바 털 한 올의 선, 먼지 한 톨의 복일지언정 안으로 직심을 일으키고 바깥으로 선법을 닦아 법계중생이 다하도록 회향하여 유정중생을 도탈케함으로써 방편보리와 상응한다." 《체한대사諦閑大師 유집遺集》, 제4편 참석懺釋

안온히 머물게 하고자 하면 응당 정진력을 일으켜 이 법문을 듣도록 하라." 하셨다. 또한 《화엄경》에 이르시길, "십지보살은 처음부터 끝까지 염불을 여의지 않느니라." 하셨다. 원교의 등지보살도 이럴진대 권교·소승의 처음 발심한 사람이랴.

六下、菩薩六心、墮落聲聞、塵劫不回。猶菴羅華、魚子一般。因中雖多、結果者少。若能念佛、圓發三心。自然轉權成實、回小向大。如彼白衣驟貴、平地升仙者然。故大本云。菩薩欲令衆生、速疾安住無上菩提者、應當起精進力、聽此法門。又華嚴十地、始終不離念佛。圓教登地尚爾、況權小初心人耶。

권교·소승은 모두 상당한 깨달음이 있는데, 깨달았을지라도 원만하지 않습니다. 그들은 원만을 구하고 싶어도 기연이 없어 구할 수 없습니다. 부처님께서는 대자대비심으로 이 사람들이 원만한 해탈을 구하고 싶으면 특별히 이 법문을 가르쳐 주십니다. 이 법문은 당신을 매우 빠르게 원만하게 성불하도록 합니다.

[보충] "십지"는 초지에서 십지까지 그 위에 등각을 추가하여 총 11지입니다. 이는 보살의 위차에서 최고로 우리들이 염송하는 찬불게에서 "보살마하살"(법신대사法身大士)입니다. 보살은 십주十住·십행十行·십회향十回向의 삼현위三賢位의 보살을 가리키고 마하연은 초지 이상의 등각보살입니다. 이 11위차를 마하살, 대보살이라 부릅니다. 원래 화엄회상에서 이러한 대보살들은 어떤 법문을 닦느냐 하면 염불법문을 닦습니다. "시始"는

초지이고 "종終"은 등각으로 처음부터 끝까지 모두 염불을 여의지 않습니다. 그들이 주로 닦는 법문이 바로 염불입니다. 어떤 부처를 염하는지 우리도 물어야 합니다! 문수보살 · 보현보살 두 분 보살께서는 화엄보살 중에서 수령(화엄교주華嚴敎主)으로 모두 아미타불을 염하여 서방극락세계에 태어나서 속히 성불하길 구하십니다. 이래야 진정으로 문득 크게 깨닫습니다.

_《염불시인念佛是因 성불시과成佛是果》 정공 큰스님

일곱째 인연은 삼배왕생을 충족시켜 의심과 후회가 없게 하는 연고이다.

七充足三輩無有疑悔故。

일곱째 이하, 상품 · 이근은 소승교를 들으면 곧 얕본다. 하품 · 둔근은 대승교를 들으면 곧 의심한다. 그래서 화엄회상에서 성문은 연분이 끊어지고, 아함시 중에 보살은 가피가 없다. 지금 이 염불 일법은 고약처럼 독병을 모두 낫게 한다. 때에 이르러 비가 와서 약나무가 모두 우거진다. 그래서 이근 · 둔근을 모두 섭수하고 상품 · 하품을 나란히 거둔다.

七下、上品利根、聞小教則悔。下品鈍根、聞大教則疑。所以華嚴會上、聲聞絕分。阿含時中。菩薩不被。今此念佛一法、如萬應膏、毒病皆愈。似及時雨。藥木並茂。故得利鈍盡攝、上下均收也。

삼배三輩는 상중하 삼배의 왕생을 말합니다. 삼배의 사람에게 의심을 끊고 믿음이 생기게 하여 평등하게 견줄 수 없는 수승한 성취를 얻도록 우리에게 의심을 끊어라 하고 후회하지 말라고 가르칩니다. 정토법문을 닦지 않고 다른 법문을 닦으려 한다면 여러분에게 당신은 언제나 후회하게 될 것이고, 이는 진실이라 말해 줍니다. 후회와 의심은 반드시 한 곳에 잇닿아 있어 당신이 의심하지 않으면 후회하지 않을 것이고, 당신이 의심을 품으면 이후에 후회하는 일이 많을 것입니다.

여덟째 인연은 지금과 나중을 이롭게 함이 다함 없는 연고이다.

八利益今後周遍無盡故。

여덟째 이하, 지금 이롭게 함은 곧 부처님의 설법이 때와 근기에 잘 맞음이다. 나중에 이롭게 함은 곧 멸도하신 후 듣고 봄이다. (원통장) 아래(경문)에 이르시길, "지금 이 사바세계에서 염불인을 모두 섭수하여 서방정토로 돌아가게 하겠나이다." 하셨다. 《관경》에 이르시길, "여래께서는 지금 오는 세상의 일체 중생을 위하여 번뇌의 도적에게 해로움을 입는 이들을 위하여 청정한 업을 말하리라." 하셨다. 그래서 여의주처럼 이롭게 하는 구제가 다함이 없다.

八下、利今、卽佛在機宜。利後、卽滅後聞見。下云。今於此界、攝念佛人、歸於淨土。觀經云。如來今者、爲未來世一切衆生、爲煩惱賊之所害者、說淸淨業。故如如意珠、利濟無盡也。

「지금」은 부처님께서 경전을 강설하실 당시로, 이 법문은 당시 일체중생에게 가장 수승한 이익을 가르쳐 줄 수 있습니다. 「나중」은 부처님께서 멸도하신 후로, 우리가 사는 현대도 포괄합니다. 부처님께서 비록 계시지 않을지라도 이 법문이 있어서 이를 만나면 이해할 수 있고, 믿을 수 있으며, 받아들일 수 있습니다. 우리의 성취는 부처님께서 세상에 계시던 시절의 사람들에 뒤떨어지지 않습니다. 우리는 응당 더욱 더 책임지고, 이 법문을 보편적으로 선양 유통해야 합니다. 우리 자신만 이익을 얻고 다른 사람은 돌보지 않아도 된다고 말해서는 안됩니다. 이는 제불께 죄송한 일입니다. 부처님의 은혜에 보답하는 유일한 방법은 바로 이 정토법문을 유통하는 것입니다.

[보충] [여래께서는 지금 오는 세상의 일체 중생을 위하여 도적인 번뇌에게 해로움을 입는 이들을 위하여 청정한 업을 말하리라.] 이 부촉은 진실로 중요합니다! 세존께서는 여기서 매우 똑똑히 말씀하십니다. 이 법문은 단지 위제희 부인에게 전수하는 것이 아니라 아난에게 이 법문을 일체중생에게, 특히 오는 세상의 일체중생에게 두루 전수하라고 분부하셨습니다. 이 「미래세 일체중생」은 바로 우리 현재의 사람을 가리킵니다. 왜냐하면

현대인의 근성은 대승법문 중에서 이 일법을 제외하고 그 밖의 다른 법문으로는 모두 득도할 수 없습니다. 이 법문이 좋지 않아서가 아니고 우리의 업장과 습기가 너무나 무거워서 몸에 배이도록 닦을 방법이 없습니다. 말하자면 우리는 현재 번뇌의 도적에게 해를 입어 번뇌와 습기가 너무나 무거워 성취할 수 없습니다. 이 경문에서는 이 법문은 확실히 부처님께서 성인에게 설하신 것이 아니라 업장과 습기가 깊고 무거운 범부에 대해 설한 것임을 명백히 설명합니다. 그래서 옛사람의 이런 견해는 상배삼품의 왕생은 4지 이상의 보살이고, 중배삼품은 아라한 이상의 것이라고 하는 것은 말이 통하지 않습니다.

일체 왕생경은 우리에게 서방극락세계에 왕생하라고 권하는 것으로 현재는 《오경일론》입니다. 이 여섯 가지 법문은 모두 「청정업」이라고 합니다. 우리는 《오경일론》을 중시해야 합니다. 우리가 번뇌를 끊길 희망하고 업장이 사라지길 희망하면 어떤 방법으로 번뇌를 끊고 업장을 소멸시켜 청정업을 회복시킬 수 있겠습니까? 이 정종의 법문이 가장 좋은 방법이고 가장 수승한 방법입니다. 《오경일론》 중에서 한 가지 수행에 의지하면 우리의 목표 이상에 도달할 수 있습니다. 이는 진실한 정업淨業입니다.
_《관경사첩소강기》, 정공 큰스님

아홉째 인연은 육근을 문득 거두어 원통의 경계를 증득하게 하는 연고이다.

九頓攝六根證圓通境故。

아홉째 이하, 일체중생은 상주심常住心에 미혹하여 여러 망상을 쓰니, 여러 색과 소리를 좇아 원통의 경계에 멀어진다. 지금 염불하여 육근을 모두 거두어 진상眞常을 지키니, 항상 광명이 현전하고 원통의 경계가 일어난다. 증득하지 않으려 할지라도 불가득이다. 그래서 화엄경에서 해탈장자가 말하길, "일체 불이 마치 그림자와 같은 줄, 자심이 물과 같은 줄 알지니, (이와 같이 억념하여 친견하는 제불은 모두 자심으로 말미암느니라)." 하셨다. 물이 맑아 고요하니 달이 전체로 나타난다. 또한 게송으로 노래하길, "보살은 청량한 달과 같아 항상 필경공을 노닐고, 중생심이 물들건 청정하건 보살의 그림자가 그 가운데 나타난다." 하셨다. 곧 중생이 아미타불 정념이 이어지니 선정에 들어 광명을 놓고, 마음의 물이 청정하지 않으니 보살은 원통의 달 경계도 또한 나타나지 않음을 알지라.

九下、一切衆生、迷常住心。用諸妄想。循諸色聲、違圓通境。今念佛也、六根都攝、守於眞常。常光現前、圓通境發。雖不欲證、不可得也。故華嚴解脫長者云。知一切佛、猶如影像、自心如水。水淸而靜、月現全體。又偈云。菩薩淸涼月、常遊畢竟空。衆生心垢淨、菩薩影現中。則知衆生淨念彌陀、定放光明。心水不淨、菩薩圓通月境、亦不現矣。

이 경문에서 매우 또렷하게 말하고 있습니다. 「육근을 모두 거두어 들여 정념을 이어가」 증득한 경계와 제불은 동등합니다.

열째 인연은 장애와 번뇌를 빨리 비우고 결정코 불국토에 태어나게 하는 연고이다.

十疾空障惱定生佛土故。

열째 이하, 말법시대 수행은 여러 장애와 난관이 많고, 삿된 마가 요란하게 하여 불도를 이루기 어렵다. 지금 염불삼매를 닦아서 부처님 원력과 위신력을 받아 빨리 번뇌를 제거하고 문득 무명을 깨뜨리며, 오온의 마가 사라지고 삼신불이 나타난다. 응당 극락불토에 태어나 진신 · 응신 이과를 이룬다. 크고 밝은 등이 방안을 밝히듯이 천년의 어둠을 깨뜨릴 뿐만 아니라 갖가지 물건을 보이게 한다.

十下、末法修行、多諸障難。邪魔嬈亂、佛道難成。今修念佛三昧、承佛願力威神。疾除煩惱、頓破無明。五蘊魔銷、三身佛現。當生極樂佛土、成眞應二果矣。如大明燈、然於室中。不唯破千年暗、而且見種種物。

매우 빨리 우리의 일체 업장을 제거하고 일체 번뇌를 끊을 수 있습니다. 이 법문은 이렇게 큰 공효가 있고, 결정코 서방극락세계에 왕생하게 합니다.

그러므로 이 열 가지 인연으로 서序가 생겨났다. 첫째 도에 들어가는 문은 많으나, 어렵고 쉬움은 각각 달라서 염불법을 내어 가장 지름길로 삼는다. 둘째 지름길이라 한 연유는 자심불을 염하게 하는 까닭이다. 셋째 자심불을 염함으로 말미암아 바야흐로 부처님의 심성을 이룰 수 있다. 넷째 부처님의 심성에 계합한다면 중생과 부처님은 동체이고 둘이 없다. 다섯째 이미 둘의 차별이 없는 이상 어찌 범부와 외도를 제도하지 못함이 있겠는가? 여섯째 어찌 범부와 외도 뿐이겠는가? 또한 권교와 소승의 사람도 접인한다. 일곱째 어찌 오승五乘 뿐이겠는가? 또한 일체 선악중생도 충족시킨다. 여덟째 어찌 현재 지금 뿐이겠는가? 또한 미래도 두루 이롭게 하여 다함이 없다. 아홉째 제도가 이와 같이 광대함을 원통으로 삼는다. 열째 번뇌가 생김이 닦음으로 마침내 부서지고 무너져 이미 원통이 나타나니, 당연히 부처님을 친견하고 정토로 돌아간다. 또한 이로 말미암아 결정코 불국토에 태어난다.

然此十因、生起有序。初以入道多門、難易各別。出念佛法、最爲徑捷。二所以徑捷者、爲念自心佛故。三由念心佛、方能成佛心故、四佛心若契、生佛同體、無有二故。五既無二別、豈有凡外不度脫故。六豈獨凡外、亦接權小人故。七豈唯五乘、亦充足一切善惡衆生故。八豈但現今。亦普利未來、無有盡故。九濟度如是廣大者、爲圓通故。十有作之修、終成敗壞。現既圓通、當必見佛歸淨土故。又由定生佛土、

그래서 지름길의 문로를 나섬을 가리켜 수행에 참여하게 하여 빨리 성불하게 한다. 이와 같이 끝과 시작이 잇닿아 돌아가니, 마치 굴렁쇠와 같다. 이 가르침의 일어남은 인연이 없는 것이 아니다.

所以指出捷徑門路。令預修行、疾成佛故。如此終始連環、猶同鉤鎖。此教之興、非無因也。

그래서 이렇게 많은 인연이 있어 부처님께서 세간에 출현하십니다. 대세지보살께서는 능엄회상에서 우리에게 이 염불법문을 제시하시고 우리에게 수행하라고 두루 권하셨습니다.

都攝六根 淨念相繼 得三摩地

南無大勢至菩薩

대세지보살께서 갖추신 공덕은 한이 없나니,
아미타부처님을 보필하여 자비의 배를 운영하고
중생의 괴로움을 구하심에 바로 관자재보살과 같으며
서방극락으로 인도하심에 보현보살 십대원왕과 다름없다

인을 닦음에 널리 육근 · 육진 · 육식을 사용하게 하고
과를 증득함에 모두 원통 진상을 얻도록 하시어
염불하는 사람을 거두어 정토로 돌아가게 하시니
이 은혜 영겁토록 잊을 수 없어라

대세지보살께서 중생을 이롭게 하는
깊고 미묘한 진실한 뜻은
오로지 염불법문을 주로 삼음에 있나니,
자식이 어머니를 잊지 않고 기억하듯 세존을 잊지 않고
기억하면 직하에 부처님의 은혜를 입으리라

원인된 마음과 결과인 깨달음이 서로 계합하여
곧바로 본래자리로 돌이켜 자심의 본원으로 돌아가니
도섭육근의 미묘한 법문은 논하기 어려워라.
원하옵건대 두루 법계에 유통하여지이다.

나무서방극락세계 무변광치신 대세지보살
南無西方極樂世界 無邊光熾身 大勢至菩薩

[제2문] 장·승·교로 섭수하는 문(藏乘教攝)

둘째 문은 장藏·승乘·교教로 섭수함으로 이른 바 삼장 중에서 계契·경經·장藏으로 거둔다. 이장二藏 안에서 보살장으로 섭수한다. 삼승 중에서 대승으로 거두는 바이다. 오교 안에 후삼교로 거둔다.

二藏乘教攝者。謂三藏之中、契經藏攝。二藏之內、菩薩藏攝。三乘之中、大乘所攝。五教之內、後三教攝。

둘째 구는 장章을 표명함이다. 위謂 이하는 상相을 해석함이다. 삼장이란 첫째 수다라로 이는 계경이라 한다. 즉 경장으로 정학定學에 대해 설명한다. 둘째 비나야로 이는 조복調伏이라 한다. 즉 율장으로 계학戒學에 대해 설명한다. 이는 대법對法이라 한다. 즉 논장으로 혜학에 대해 설명한다. 지금 이 경이라 함은 경장에 속한다. 처음부터 끝까지 전문적으로 염불삼매를 말한다.

二句、標章。謂下、釋相。三藏者、一修多羅。此云契經。卽經藏、詮於定學。二毘奈耶。此云調伏。卽律藏、詮於戒學。三阿毘達磨、此云對法。卽論藏、詮於慧學。今此經者、屬於經藏。自始至終、專說念佛三昧故。

삼장三藏은 바로 경장經藏 · 율장律藏 · 논장論藏입니다. 수다라는 범어입니다. 계경契經은 바로 경장입니다. 경장의 내용은 대부분은 정학定學에 대해 말합니다. 그래서 부처님께서 중생에게 가르치신 것은 교학 기초 상에서 모두 계정혜 삼학을 벗어나지 않습니다. 선정을 말하면 경학이라 하고, 계율을 말하면 율학이라 하고, 지혜를 변론하면 논학이라 합니다. 그러나 부처님께서 그 당시 경전을 강설하고 설법하실 때에 분류가 그다지 엄격하지 않아서 그때는 구분이 없었다고 말할 수 있습니다. 후인이 편리하게 연구하고 수행할 목적으로 나누었습니다. 이로 인해 부처님께서 법회를 열 때마다 모두 그 안에 포괄하여 계가 있고 정이 있고 혜가 있었습니다. 예컨대 《능엄경》에서는 수능엄대정을 말하는데 이는 선정에 속합니다. 부루나존자와 아난존자는 부처님과 무수한 변론이 있는데, 이는 지혜에 속합니다. 부처님께서는 경에서 네 가지 청정하고 밝은 가르침(淸淨明誨)을 말하는데, 이는 계율에 속합니다. 그래서 《능엄경》에서는 계정혜 삼학을 구족하고 있습니다. 여기서 지금 이 경이라 함은 바로 「대세지보살염불원통장」을 가리킵니다. 이 장은 전문적으로 염불삼매를 강설합니다.

이장二藏이란 첫째 보살장으로 보살의 이理 · 행行 · 과果를 설명해 보이는 까닭이다. 둘째 성문장으로 성문의 이 · 행 · 과를 설명해 보이는 까닭이다. 지금 이 경은 보살장에 속한다. 이 경은 보살의 염불원통법을 연설하는 까닭이다.

二藏者、一菩薩藏、詮示菩薩理行果故。二聲聞藏、詮示聲聞理行果故。今此經者、屬菩薩藏。此經演說菩薩念佛圓通法故。

「이장二藏」은 근기, 즉 중생의 근성에 대해 말합니다. 바꾸어 말하면 어느 정도의 중생이 배우기에, 어느 근성의 중생이 배우기에 적합한지 이것도 매우 중요합니다. 이장에는 보살장이 있고 성문장이 있습니다. 보살장은 대승의 이론, 대승의 수행, 대승의 과증을 설명합니다. 이는 바로 대승법으로 대승 근성의 중생에 대해 말하고, 대승 근기의 사람에 계합합니다.

정토법문은 대승보살장입니다. 무릇 정토에 왕생하는 사람은 경전상 극락세계에는 사토四土·삼배구품三輩九品이 있는데 가장 아래의 품위인 범성동거토의 하하품일지라도 보살입니다. 서방극락세계에는 성문도 없고 연각도 없으며 인천도 없습니다. 그러나 경전을 보면 서방극락세계에는 무량한 성문대중이 있는데, 이는 부처님의 방편설입니다. **이들은 타방세계에서 성문이고 연각이며 천인중이지만 서방극락세계에 오면 그의 지위는 평등하여 모두 보살입니다.** 그래서 서방극락세계는 매우 기이하여 오직 보살의 세계입니다. 이는 일반 제불국토에는 없는 일종의 특수한 상황입니다. 《무량수경》을 상세히 연구하면 잘 이해할 수 있습니다.

삼승三乘이란 소승성문 중승연각 대승보살이다. 첫째 소승성문은 이른바 사제법문으로 중생을 실어 날라 삼계를 벗어나게 하고 열반성에 이르러 아라한을 이루니, 마치 양이 끄는 수레와 같다. 둘째 중승연각은 이른바 인연법문으로 중생을 실어 날라 사공四空을 거쳐서 적멸의 집에 거하여 벽지불을 이루니, 마치 사슴이 이끄는 수레와 같다. 셋째 대승보살은 이른바 육도법문으로 중생을 실어 날라 범부소승의 경계를 뛰어넘어 곧장 무상보리, 대반열반에 이르러 불과를 이루니 마치 소가 끄는 수레와 같다. 지금 이 경은 대승에 속하니 여래께서 중생을 가엾이 생각하여 대세지보살께서 염불인을 거두어 제승을 안락에 들게 하고 구법계를 제도케 하는 까닭이다.

三乘者。一小乘聲聞、謂四諦法門、運載衆生、出於三界、到涅槃城、成阿羅漢、猶如羊車。二中乘緣覺、謂因緣法門、運載衆生、過於四空、居寂滅舍、成辟支佛、猶如鹿車。三大乘菩薩、謂六度法門、運載衆生、超凡小境、直至無上菩提、大般涅槃彼岸、成於佛果、猶如牛車。今此經者、屬於大乘。以如來憐念衆生、勢至攝念佛人、安樂諸乘。度脫九界故。

실제상 삼승은 그 내용이 이장二藏과 차이가 많지 않고 조금 더 상세히 분류한 것입니다. 소승은 중승과 합쳐서 성문이라 합니다. 사제四諦는 고苦·집集·멸滅·도道를 말합니다. 이는 세간 출세간의 이중인과입니다. 세간의 인과는 고와 집으로 고는 세간의 과보이고, 집은 세간의 인입니다. 멸노는 출세간의 인과로 출세간의 과보는 멸입니다. 멸은 바로 번뇌를 멸하고 생사를 멸하며 영원히 더 이상 번뇌가 있지 않음을 멸이라 합니다. 도는 인因입니다. 여기서 말하는 사제 십이인연 육도만행은 모두 생사를 여의고 영원히 번뇌를 끊는 방법이자 지름길입니다. 그래서 이를 도라고 칭합니다. 요컨대 고집멸도는 세간·출세간의 이중인과입니다.

양이 끄는 수레는《법화경》상의 비유입니다. 양의 힘은 매우 작아 한 사람만 앉을 수 있습니다. 이 수레는 과거에 궁정 안에서 사용하는 작은 수레입니다. 열반은 바로 멸의 뜻으로 영원히 번뇌를 끊고 생사를 여읜다는 뜻입니다.

연각은 소승의 한 부류에 속한다 말할 수 있습니다. 그러나 소승에 비해 수준이 높습니다. 성문은 비록 '번뇌'를 끊어 확실히 없지만, 그에게는 '습기'가 남아 있어 끊기가 어렵습니다. 실제로 아라한은 번뇌를 다 끊었지만 여전히 소수의 아라한에게는 습기가 남아 있습니다. 왜냐하면 그들은 출신이 좋아 왕족이거나 귀족 출신으로 오만한 습기를 지니고 있습니다. 출가하여 아라한과를 증득하여도 오만을 정말 끊어 오만이 없지만 그의 태도에는 오만의 습기가 여전히 있어 제거하지 못합니다. 그래서 부처님께서는 "**번뇌는 끊기 쉽지만 습기는 제거하기 어렵다**"고 말씀하셨습니다. 그래서 아라한을 증득하고 여전히 상당히 오랜 시기 동안 닦아야 비로소 습기를 제거할 수 있습니다.

중승연각은 인연법문을 말합니다. 십이인연은 연각이 닦는 것입니다. 무명을 연하여 행行이, 행을 연하여 식識이, 식을 연하여 명색名色이 발생하고 이렇게 계속 연하여 육입·촉·수·애·취·유·생·노사로 이어지는 것이 십이인연입니다. 십이인연 앞에 말한 무명은 근본무명이 아니고 지말무명에 속하여 삼계육도 윤생무명(潤生無明 ; 종자를 윤택하게 하여 생사를 받게 하는 무명)이라고 합니다. 그것은 근본무명이 아닙니다. 왜냐하면 근본무명을 깨뜨려야 견성하고 법신대사를 이루기 때문입니다. 그것이 성불의 경계입니다. 그래서 그 무명을 깨뜨려 육도 안의 생사를 깨뜨려 제거할 뿐만 아니라 영원히 육도에 들어가지 않습니다. 우리가 육도에서 환생하여 몸을 버리고 몸을 받는 근본적인 원인은 바로 무명입니다. 무명은 바로 미혹입니다. 어찌 깨달은 사람이 축생이 되길 원하겠습니까? 불가능합니다. 어찌 깨달은 사람이 아귀가 되겠습니까? 불가능합니다. 무릇 당신이 죽어서 축생이 되고 아귀에 떨어짐은 모두 의식이 흐리멍덩하기 때문입니다.

그래서 실제로 불법을 조금 잘 알게 되면 사람으로 태어나서 어디로 가는지 대체로 상당히 정확하게 판단할 수 있습니다. 한 사람이 죽을 때 의식이 또렷하면, 미혹되지 않고 또렷한 정신으로 갈 수 있습니다. 죽을 때 인사불성이고 의식이 흐리멍덩해서 집안사람들조차 몰라보면 삼악도에 떨어질 가능성이 매우 큽니다.

염불하는 사람이 한평생 염불하여 서방에 태어나길 구할지라도 죽을 때 신지神智가 맑지 않으면 이 사람은 왕왕 왕생할 희망이 없습니다. 조념을 해 주어도 믿을 수 없습니다. 만약 죽을 때 의식이 또렷하다면 중병에 걸려도 문제없이 결정코 왕생합니다 그래서 이는 복보입니다. 한평생 복을 닦더라도 복을 다 누리지 말아야 합니다. 복을 다 누려서 임종시 의식이 흐리멍덩하면 큰일입니다. 그래서 **복을 닦아 다 누리지 않고 복보가 남아있어 임종시 의식이 또렷하면 이 복보로 결정코 왕생합니다**. 그래서 십이인연에서 무명은 근본무명이 아닙니다.

적멸의 집은 열반성과 그 경계가 같습니다. 벽지辟支는 범어로 연緣이란 뜻입니다. 그래서 벽지불을 번역하면 연각입니다. 아라한은 범어로 무학無學이란 뜻으로 소승법에서는 업을 마쳐서 배울 것이 없다는 뜻입니다.

세 번째 수레의 비유는 《법화경》에 나옵니다. 대승보살이 수학하는 범위는 대단히 광대하여 자신을 위할 뿐만 아니라 일체중생을 위합니다. 일체중생을 위함은 실제로는 자신을 위함입니다. 그래서 대승보살의 관념은 자타불이自他不二입니다. 육도六度에서 육六은 모든 수행방법을 여섯 가지 범주로 귀납시킨 것입니다. 이 여섯 가지 범주로 우리를 생사의 차안에서 열반의 피안으로 이르게 할 수 있습니다. 그래서 도度라고 부릅니다. 그러나 여섯 가지 도는 지혜가 열리지 않으면 건널 수 없기 때문에 반야를 위주로 합니다. 그래서 불법은 처음부터 끝까지 지혜를 말합니다. 불법은 지혜를 여는 방법이라 말할 수 있습니다. 이 여섯 가지 범부에서 앞 다섯 범주는 사상事相에 속합니다. 예를 들면 보시의 범위는 매우 넓어 《화엄경》에서 「제6회향迴向」(견고한 선근을 따르는 회향)은 보시를 전문적으로(60여종의 보시) 말합니다.

일체 보시는 재보시財布施·법보시法布施·무외보시無畏布施의 세 가지 범주로 분류됩니다. 재보시는 우리 몸 바깥의 재물을 희사합니다. 다른 사람이 부족한 것, 필요한 것이 있을 때 그에게 베풉니다. 두 번째는 법보시로 법에는 세간법과 출세간법이 있습니다. 사람들에게 불법을 강해하고 소개 추천해주는 것은 출세간법의 보시입니다. 세간법의 보시는 현재 학교공부처럼 선생님이 지식을 전수해주는 것입니다. 심지어 요리하는 방법을 가르쳐 주는 것도 법보시입니다. 그래서 보시의 범위는 매우 광대하여 다른 사람에게 모르는 것을 가르쳐주는 것은 모두 법보시입니다. 세 번째 무외보시입니다. 다른 사람이 마음속으로 불안해하고 정신적으로 두려움이 있을 때 그를 위로하여 일체 공포로부터 벗어나게 하고 신심을 안온한 상태에 이르게 하는 것을 무외보시라 합니다. 어두운 골목에서 안전하게 귀가하도록 돕는 것도, 군인이 나라를 지키는 것도 무외보시에 속합니다.

부처님께서는 보시로 얻는 과보는 불가사의하다고 말씀하십니다. 전생에 닦은 재보시는 이번 일생의 과보입니다. 총명지혜는 법보시의 과보입니다. 건강 · 장수는 무외보시의 과보입니다. 이 세 가지 보시로 우리 자신이 얻은 과보는 재산이 풍족하고, 지혜가 늘어나며, 건강 · 장수를 누립니다. 과보가 수승하길 희망하면 이 세 가지 보시를 많이 닦아야 합니다. 이것이 보살법입니다. 그래서 보살의 복보는 성문 · 연각보다 큽니다. 성문 · 연각은 지혜는 있으나 복보는 없습니다. 보살은 보시를 많이 닦아 복보가 큽니다.

지계 · 인욕 · 정진 · 선정 · 반야의 육도六度에서 가장 중요한 것은 두 개 항목입니다. 《금강경》에서 보살법을 말하면서 보시를 가장 많이 말하고 그 다음이 인욕입니다. 보시는 공덕을 닦아

쌓는 것이고, 인욕은 공덕을 누적하는 것입니다. 만약 당신이 닦기만 하고 거듭 쌓을 줄 모르고 닦는 족족 잃어버리면 매우 애석합니다. 그래서 반드시 인욕바라밀을 닦아야 합니다. 참아야 성취할 수 있고, 참아야 잃지 않습니다. 불경에서는 "불길이 공덕의 숲을 태운다(火燒功德林)"는 비유가 있습니다. 닦아서 쌓은 것이 적지 않아도 한 번의 불길로 몽땅 타버립니다. 불길은 성을 내는 것으로 무명의 불길입니다. 마음속으로 기분이 좋지 않아 화를 내면 당신의 공덕은 모조리 사라집니다. 그래서 내가 이번 생에 어쨌든 다소 공덕이 있고 어느 날부터 현재까지 성을 낸 적이 없으면 당신의 공덕은 이렇게 많은데, 만약 지난 한 시간 동안 성을 내었다면 당신의 공덕은 완전히 사라져 버립니다. 결코 성을 내어서는 안됩니다. **공덕은 청정심이고 선정인데, 성을 한번 내면 마음은 산란해져 공덕은 사라져버립니다.**

그러나 복덕은 태울 수 없어서 설사 악도에 떨어질지라도 악도에서도 복을 누립니다. 집에서 키우는 강아지나 고양이를 보면 정말 축생도 복을 누리고 종종 일반인보다 복보가 더 큰 것을 볼 수 있습니다. 단지 지옥에서는 복이 없을 뿐, 아귀나 축생에서는 모두 큰 복보가 있습니다. 그래서 복덕을 잃어버리지 않으나, 공덕은 잃어버립니다. 공덕을 누적하고 싶으면 바깥 경계에 흔들리지 않도록 마음을 평화롭게 다스려야 합니다. 뜻대로 되지 않는 경계를 만나도 짜증을 내지 말고, 흥분하지 말아야 공덕을 누적할 수 있습니다. **공덕이 쌓이면 지혜가 열리니, 이는 매우 중요한 일입니다. 그러므로 육도에서 이 두 가지가 관건이니, 보시로 복을 닦고(修福), 인욕으로 복을 쌓아야(積福)**

합니다.

육도법문으로써 중생을 실어 나릅니다. 실어 나름은 비유인데 육도를 도구로 삼아 범부와 소승의 경계를 뛰어넘어 곧장 무상보리, 대반열반의 언덕에 이르러 불과를 성취합니다. 반열반은 아라한이 증득한 열반과 다릅니다. 아라한의 열반은 변진열반偏眞涅槃이라 칭합니다. 대반열반이 구경열반입니다. **아라한의 열반은 단지 견사번뇌見思煩惱만 끊었을 뿐 진사번뇌塵沙煩惱와 무명번뇌는 끊지 않았습니다. 대반열반은 근본무명도 끊어서 구경열반이라 합니다.** 제승諸乘에는 삼승이 있고 오승이 있습니다. 그러나 **서방극락세계에 태어나면 오직 일승법만 있고 이승도 없고 삼승도 없어 모두 보살승에 속합니다.**

오교란 소교·시교·종교·돈교·원교이다. 첫째 소교小敎로 오직 인공人空을 이야기하는 까닭이다. 둘째 시교始敎로 다만 법공法空을 밝히는 까닭이다. 또한 분교分敎라고 하는데, 다만 법상法相을 말하는 까닭이다. 셋째 종교終敎로 중도를 말하는 까닭이다. 또한 실교實敎하고 하는데 법성法性을 많이 이야기하는 까닭이다. 넷째 돈교頓敎로 오직 진성眞性을 논변하는 까닭이다. 다섯째 원교로 오직 법계를 설하는 까닭이다. 지금 이 경은 후삼교에 속한다. (원통장) 아래(경문)에 이르시길, "두 사람의 억념이 깊어진다면 어머니와 자식은 여러 생을 지내면서 서로 어긋나기니 멀이지지 않느니라." 하시니, 종교이다. 점점 염할 때 마침내 응당 성불하는 까닭이다.

五教者。一小教、唯談人空故。二始教、但明法空故。亦名分教、但說法相故。三終教、復說中道故。亦名實教、多談法性故。四頓教、唯辨眞性故。五圓教、唯說法界故。今此經者、屬後三教。下云、二憶念深、母子歷生、不相違遠、終也。漸漸念時、終當成佛故。

오교五教는 과정의 배열을 말합니다. 어떤 단계에 배열해야 하는지는 바로 어느 정도의 사람이 수학하는 것이 적합한지입니다. 오교란 소교 · 시교 · 종교 · 돈교 · 원교로 현수종의 분류법입니다. 천태종은 장통별원 사교四教로 분류합니다. 사교는 오교와 실제 내용에서 큰 차이가 없이 대동소이하지만 개합開合에 차이가 있다고 말할 수 있습니다.

소교는 소승교로 성문 연각이 배우는 것입니다. 단지 인공을 증득할 뿐, 법공을 증득할 수 없습니다. **시교始教**는 대승시교입니다. 이는 법상유식종의 판석으로 일백법에서 인아이공人我二空을 깨우치길 희망합니다. 《백법명문론百法明門論》의 목적은 바로 인법人法은 추상적인 개념이고 사실이 아님을 가르치는데 있습니다. 그래서 이 논은 실제상으로 《능가경》에서 설한 「오법삼자성五法三自性, 팔식이무아八識二無我」를 해석하여 인아공人我空 · 법아공法我空을 증득합니다.

「종교終教」는 대승의 종극입니다. 대승은 시교始教에서 종교終教에 이르는 상당히 긴 일단의 도로입니다. 그래서 대승은 처음에는 법상을 많이 이야기하다가 최후에는 법성을 전문적으로 토론

합니다. 앞쪽은 권교權敎라 합니다. 권교보살은 방편법을 말합니다. 후반에는 진실법을 말하므로 실교라고 합니다. 실은 권(권교방편)에 대해 말한 것으로 진실입니다. 진실은 법성을 말합니다. 「**돈교**頓敎」는 특별합니다. 왜냐하면 시교에서 종교는 차제가 있어 점차적으로 진급하지만, 돈교는 수많은 단계를 거칠 필요가 없습니다. 선종은 돈교에 속하여 차제가 없고 단계가 없습니다. 상근이지上根利智가 교학의 대상으로 돈초직입頓超直入할 수 있습니다. 「**원교**圓敎」는 십법계의 성상性相 · 이사理事 · 인과因果를 말하므로 구경원만한 교학입니다.

염불법문은 「염불원통장」 뿐만 아니라 《무량수경》, 《관무량수경》, 《아미타경》도 모두 종교 · 돈교 · 원교에 속합니다. 부처님께서 중생을 생각하고 중생이 부처님을 생각함이 매우 깊습니다. 어머님이 자식을 잊지 않고 기억하며 자식도 어머니를 잊지 않고 기억하여 피차 감응의 작용이 일어납니다. 이는 대승종교의 뜻입니다. 부처님이 당신을 생각하고 당신이 부처님을 생각하는 가운데 감응이 있습니다. 오랫동안 부처님을 생각하면 당신은 성불합니다. 당신 자신의 자성불을 생각해냅니다.

(원통장) 아래(경문)에 이르시길, "염불심으로 무생법인에 들어가고," "방편을 빌리지 않는다" 하셨으니 돈교이다. 부처님이 곧 마음임을 알아 빨리 불도를 이루는 까닭이다. 아래(경문)에 이르시길, "육근을 모두 거두어 들여 정념을

이어가서 삼마지를 얻는다.” 하셨으니, 원교이다. (마음 · 부처 · 중생) 이 셋이 차별이 없음을 또렷이 알아 법계를 원만히 통달한 까닭이다. 이에 따라 이 경의 교의가 평이하지 않고 깊고 광대하며 심오하다는 것을 알 수 있다.

下云、以念佛心、入無生忍、不假方便、頓也。知佛即心、疾成佛道故。下云、都攝六根、淨念相繼、得三摩地、圓也。了三無別、圓通法界故。準知此經教義、深廣幽遠、非淺近矣。

“염불심으로 무생법인에 들어간다.” 이는 공부가 성취될 때까지 염불함을 말합니다. 염불심에서 「심」 자에 주의하여야 합니다. 이는 구념口念이 아닙니다. **입으로만 염하는 경우 마음속에 부처님이 없습니다. 이는 수용을 얻을 수 없습니다. 마음속에 부처님이 계셔야 합니다.** 마음속에 정말 아미타부처님이 계시고 아미타부처님을 생각해야 합니다. 오랫동안 생각한 후 얻는 이 경계가 바로 우리가 늘 말하는 「일심불란一心不亂」입니다. 사일심불란事一心不亂에는 이런 경계가 없기 때문에 이일심불란一心不亂에 이르도록 염해야 합니다.

이일심理一心은 무생인無生忍입니다. 이것의 완전한 말은 한 글자를 추가하여 무생법인無生法忍입니다. 법法은 우주와 인생의 일체만법입니다. 무생無生은 우주와 인생 일체만법이 생하지도 멸하지도 않고, 오지도 가지도 않으며, 더럽지도 깨끗하지도 않고, 상주하지도 단멸하지도 않음입니다. 이를 잘 이해하고 잘 보며, 승인 · 동의 · 인가하여 이러한 경계에 이름을 무생법인이라 합니다. 우리 범부는 이런 경계에 이르지 못하여 생함도 있고 멸함도 있으며, 청정함도 있고 물듦도 있으며, 생도 있고 사도 있다고 봅니다. 우리가 보는 것은 이러한 현상입니다. 공부가 성취되면 더 이상 이런 현상이 아닙니다. 제불과 대보살의 견해와 완전히 같아 불지불견佛知佛見을 성취합니다.

「방편을 빌리지 않는다」 함은 **어떠한 방법을 빌리지 않고, 단도직입적으로 한마디 나무아미타불이면 공부가 성취됩니다.** 관상觀想을 하지 않아도, 참구參究를 하지 않아도, 주문을 수지하지 않아도, 어떠한 법문도 닦을 필요가 없습니다. 오직 한마디 나무아미타불을 철저히 염하면서 명심견성에 이를 때까지, 무생법인을 얻을 때까지, 이 방법으로 염하면 됩니다. 염불의 미묘함이 여기에 있습니다.

염불인도 관을 닦을 수 없는 것은 아니지만, 다른 관법을 쓸 필요가 없고 《관무량수경》에서 설하는 관법을 쓰면 됩니다. 이 관법은 총 15가지가 있어 십육관이라 합니다. 그것을 완전히 다 닦을 필요가 없고, 한두 가지 취해서만 닦습니다. 일반적으로 염불인은 불상을 관하며 닦습니다. 이것이 바로 항상 불상을 생각하는 관상觀想입니다. 자신이 가장 좋아하는 불상을 선택하여 한평생 바꾸지 마십시오. 날마다 이 불상을 보고 날마다 이 불상을 생각하면 장래 임종시 아미타부처님께서 접인하러 오실 때 아미타부처님의 모습은 바로 이 불상입니다.

여행을 갈 때는 사진을 가지고 가서 매일 이 사진을 보면 이 불상을 보는 것이나 마찬가지입니다. 다른 불상을 보거나 다른 아미타부처님 불상을 보면서 기뻐하고 예배할지라도 우리 자신이 공양하는 한 분 부처님을 생각하는 것이 매우 중요합니다. 이는 모두 당신에게 전일하여야 하고, 뒤섞지 말라는 가르침입니다. 사람마다 좋아하는 것이 다르기 때문에 응당 신중하게 선택하여야 합니다.

지성심으로 견성성불하는 묘법
念佛一門 誠爲見性成佛之妙法
이 부처님을 염하니 부처님께서 중생의 마음 안에 있고,
님께서 중생을 염하니 중생이 부처님의 마음 가운데 있다.
마음 그대로 부처가 되니 마음으로 염하지 않으면
가 되지 않고, 부처님에 즉하여 마음을 드러내니
님 명호를 칭념하지 않으면 마음은 드러나지 않는다.
염불일문은 지성심으로 견성성불하는 묘법임을 알지라.
정대사 《능엄경 대세지보살염불원통장 소초》

[제3문] 종취와 지귀의 문 (宗趣旨歸)

셋째 문은 종취와 지귀旨歸로 총설이 있고 별설이 있다. 총설은 억불 · 염불을 종지로 삼고 견불하여 무생법인으로 들어가고, 마음과 경계의 원통함을 취향으로 삼는다. 별설에는 다섯 대對가 있다.

三宗趣旨歸者。有總有別。總以憶佛念佛爲宗。見佛入忍、心境圓通爲趣。別有五對。

셋째 구는 첩문牒門으로 이른바 종지와 귀취이다. 본경이 소중히 여기는 것을 종宗이라 하고 종이 돌아가는 곳을 취趣라 한다. 종을 알지 못하면 따르고 취향하는 것이 없다. 유有 이하는 석의釋義이다.

三句、牒門、謂宗旨歸趣也。當經所崇曰宗、宗之所歸曰趣。若不識宗、無從趣向矣。有下、釋義。

먼저 종취宗趣, 두 글자의 뜻을 또렷이 하여야 합니다. 종宗은 **수행하는 방법이므로 대단히 중요합니다. 취趣는 귀취歸趣로, 우리들이 수행하여 도달해야 하는 목표를 귀취라 합니다.** 우리가 이 방법으로 이러한 결과를 얻으면 이 결과는 바로 우리의 귀취입니다. 그래서 「본경이 소중히 여기는 것을 종」이라 해석하고, 바로 수행의 표준으로 따라야 합니다. 본경은 「억불염불憶佛念佛」을 우리 수행의 강령, 수행의 지도원칙으로 삼습니다. **억憶은 마음속에 부처님이 계시고 마음속으로 언제나 부처님을 생각함입니다.** 념念, 이 글자는 위쪽은 금今으로 현재이고, 아래쪽은 심心입니다. 불법의 말로는 **당하의 일념, 당하의 이 마음을 염이라 합니다. 입으로 염하는 것이 아니라 마음속에 부처님이 계심을 염불이라 합니다.** 현재 이 마음에 부처님만 계시고 다른 것은 일체 없습니다. 마음속에 부처님만 계시고, 혹은 경전만 있고, 혹은 경전 속의 경계만 있음을 「억불염불」이라 합니다.

이로써 우리는 독경도 염불임을 알 수 있습니다. **마음속에 부처님이 계시고, 경속의 경계를 생각하여도 염불입니다.** 그래서 염불의 함의는 매우 광대하여 불법 내 각 종파의 무량법문을 포괄할 수 있습니다. 그래서 한 법문도 염불법문이 아님이 없다고 말할 수 있습니다. 그러나 정토법문은 서방극락세계 아미타부처님을 전문적으로 생각하고 다른 부처님의 경계를 생각하지 않는다는 점이 다릅니다. 서방극락세계 아미타부처님의 의정장엄을 전적으로 기억하여야 미타정토법문의 염불입니다. **아미타부처님의 의정장엄을 전문적으로 억념하는 것이 우리가 수행하는 종지입니다. 그것의 효과, 그것의 목표는 견불見佛입니다.** 「현전이나 당래에 반드시 부처님을 친견한다(現前當來 必定見佛)」, 여기서 현전에서 부처님을 친견함은 **감응**을 말하고, 장래에 부처님을 친견함은 **왕생**입니다. 그래서 왕생할 때 부처님을 친견할 뿐만 아니라 왕생하기 전에도 부처님을 친견합니다.

「입인入忍」, 이는 자신이 증득한 경계이고, 「견불見佛」은 감응입니다. 자기 경계를 획득하면 반드시 무생법인을 증득할 수 있습니다. 무생법인의 지위는 대단히 높습니다. 《인왕경仁王經》에 따르면 보살은 **복인**伏忍 · **신인**信忍 · **순인**順忍 · **무생인**無生忍 · **적멸인**寂滅忍의 다섯 인忍으로 나눕니다. 무생법인의 보살은 《인왕경》에서 그 지위가 칠지 · 팔지 · 구지 이 세 가지 위차입니다. 칠지보살이 증득한 것은 하품의 무생법인이고, 팔지는 중품, 구지는 상품입니다. 십지보살은 적멸인이라 합니다. 하품의 적멸인과 중품의 적멸인은 등각보살이고, 상품의 적멸인은 부처님입니다. 무생법인의 보살이 얻은 지위는 매우 높아서 거의 등각보살과 이웃합니다. 그래서 서방극락세계에 이르러 이러한 지위를 증득할 수 있습니다. 이는 바로 이른바 삼불퇴를 원만히 증득한 경계입니다. 일반 수행인이 이 같은 경지에 이르는 것은 상당히 곤란하고 2아승지겁을 경과하여야 도달할 수 있습니다. 2아승지겁은 88품 견혹을 끊고서 위불퇴位不退를 증득한 때로부터 셈하고 이 지위에 이르기 이전은 모두 셈하지 않습니다. 반드시 위불퇴를 증득한 날로부터 셈하기 시작하여 더 노력해서 2아승지겁을 닦아야 무생인의 지위에 이를 수 있습니다.

그러나 염불인은 서방극락세계에 가면 이 지위를 증득합니다. 그래서 이 법은 믿기 어렵습니다. 일반적으로 불교에 대해 깊이 연구한 사람도 믿지 못합니다. 그들은 이는 불가능하고 이치에 맞지 않다고 말합니다. 2아승지겁을 수행해야 하는데 어떻게 왕생하기만 하면 얻을 수 있는가? 어찌 이렇게 달콤한 일이 있겠는가! 그래서 수많은 큰스님도 훌륭한 거사도 이 법문을 믿지 못하는 것은 매우 정상적인 현상입니다. 왜냐하면 부처님께서 믿기 어려운 법이라 말씀하셨기 때문입니다. 만약 쉽게 믿는다면 어떻게 믿기 어렵다 하셨겠습니까? **오직 상근만이 믿을 수 있고 진정으로 교리일체를 통달할 수 있습니다.** 이는 아미타부처님 불가사의 위신력의 가지로 이렇게 빨리 증득할 수 있습니다. 선근이 진정으로 깊고 두터운 노실한 사람만이 부처님께서 말씀하시면 아무것도 몰라도 믿을 수 있습니다. 그래서 일반적으로 심지어 책을 읽은 적도 없는 사람도 염불을 권하면 바로 받아들이고 믿습니다. 왕왕 이런 사람도 왕생할 수 있습니다.

담허대사께서는 우리에게 체한대사의 제자에 대해 말씀해주셨습니다. 그 제자는 책을 읽은 적이 없는 사람으로 40여 세에 출가하였습니다. 체한대사는 그에게 한마디 아미타불을 염하라고 가르치고 머리를 깎아 주었을 뿐, 계를 받으라고 하지 않았습니다. 그는 계도 받지 말고 절에서 지내지도 말며 사람들 눈에 띄지도 말라고 했습니다. 영파 시골의 낡은 절을 찾아서 혼자 살도록 하고, 노파를 찾아서 그에게 밥을 주되 매일 두 끼만 공양하게 하고, 몇몇 호법거사를 찾아서 매달 약간의 돈을 보내고, 쌀을 조금 그에게 보내었습니다. "아무것도 근심하지 말고 하루 종일 아미타불을 염하고 염불하다 지치면 쉬고 잘 쉬고서 다시 염불하여 줄곧 염불하면 틀림없이 은혜가 있을 것이다."

그는 이렇게 3년을 염불하였습니다. 과연 은혜를 얻어 때가 이르렀음을 미리 알았습니다. 왕생하는 첫 날, 그는 그의 친척과 친구를 만나러 갔으나 아무 말도 하지 않았습니다. 다 만나보고 저녁에 돌아와서 식사를 하고 나서 할머니께 "내일 나를 위해 밥을 하지 말라"고 하였습니다. 할머니는 스승이 3년 동안 문을 나서지 않고 줄곧 염불을 해왔으며, 3년 동안 집을 나서지 않다가 오늘 친구를 보러 나갔으니, 아마 내일 누가 한턱을 낼 것 같다고 말했습니다. 둘째 날이 되고 점심이 지나자 그녀는 스승이 돌아 오셨는지, 식사를 하셨는지, 매우 관심이 생겼습니다.

마침내 절에 와서 스승님을 불렀으나, 응답하는 이가 없었습니다. 마지막에 그가 머무는 방을 살펴보니, 스승님은 방안에서 얼굴을 창가 쪽으로 향한 채 그곳에 서 계셨습니다. 그를 불러도 응답하지 않고 손에 염주를 들고 계셨습니다. 자세히 가서 그를 보니 이미 돌아가셨는데, 선 채로 그곳에서 왕생하셨습니다. 염불하여 성취를 하신 것입니다. 그녀는 깜짝 놀랐습니다. 그녀는 지금까지 사람이 선 채로 죽는 것을 본 적이 없어서, 영문을 몰라 서둘러 호법사에게 통지하였습니다. 호법사들이 온 후에 어떻게 처리해야 할지 몰라, 즉시 체한법사께 소식을 알렸습니다. 교통수단이 불편해서 길을 달려서 소식을 알려야 했는데, 왕복 3일이 걸려 체한법사께서 오셨습니다. **그는 죽은 후에도 여전히 그곳에서 3일간 서 있으며, 노화상이 그에게 사후 뒤처리를 해줄 때까지 기다렸습니다.** 노화상께서는 그를 대단히 찬탄하셨습니다. "그대는 출가하고서 한번도 헛되이 보낸 적이 없는 셈이야. 3년 동안 염불을 성취하였으니, 강경 · 설법하는 스님이나 명산 큰 사찰의 방장 주지도 모두 당신과 견줄 수 없을 걸세." 이는 정말입니다. 3년간 한마디 아미타불 염불하였을 뿐 그는 한 번도 경을 들어본 적도 없고 아무것도 몰랐지만, 바로 한마디 아미타불을 3년간 염불하고서 이렇게 불가사의한 성취를 이루었습니다! 오직 신심에 의지하였을 뿐입니다. 그는 믿고 의심하지 않았으며, 진정으로 염불의 세 가지 조건을 실천하였습니다. **의심하지 않았고**(不懷疑), **중단하지 않았으며**(不間斷), **뒤섞지 않았습니다**(不夾雜). 그는 진정으로 이 세 마디 말을 실천하였습니다. 그래서 성취를 하였으니, 이는 일반인이 견줄 수 없습니다.

그래서 이 법문은 「오직 지극히 지혜로운 사람과 지극히 어리숙한 사람은 의심하지 않습니다(唯上智與下愚不疑)」, 지극히 지혜로운 사람은 한번 말하면 통달하여 의심하지 않으니 결정코 왕생합니다. 마명보살과 용수보살, 천태지자대사와 영명연수대사 이분들은 진정으로 통달하여 의심하지 않았습니다. 지극히 어리석은 사람은 체한법사의 이 제자로 이 같은 사람은 믿음이 있어 아무런 문제가 없습니다. 대만에서도 선 채로 왕생하신 분이 계셨습니다. 아마도 십 수십 년 전쯤에 남부에 한 분이 계셨는데, 이분도 3년 동안 염불하셨고 가실 때 선 채로 가셨습니다. 병에 걸리지도 않았고, 때가 이름을 미리 알았으며 스스로 의식이 또렷하여 간다고 말하고 가셨습니다. 이는 진정한 성취입니다. 그래서 서방극락세계에 가면 아미타부처님과 차이가 많지 않으니, 이 법문은 견줄 수 없이 수승합니다. 마음과 경계가 하나이되 둘이 아니며, 원융자재하여 공덕과 이익은 실로 말로 다하지 못합니다.

첫째는 교의教義로 교설을 종으로 삼아 뜻에 도달함을 취로 삼는다.

一教義、以教說爲宗、令達義爲趣。

교설教說이란 즉 염불교문이다. 달의達義란 교설 가운데 소전所詮을 요달함이니, 마음과 경계에 반연해서 염하여 중생과 부처님이 감응하고, 향기에 물들어 무생법인에 들어가 자심불과 저 부처님을 염하여 정토에 태어난다는 뜻이다.

教說者、卽念佛教門也。達義者、謂了達教中所詮心境緣念、生佛感應、染香入忍、自他生土之義也。

별설에는 다섯 대對가 있습니다. 첫째는 「교의教義」입니다. 여기서 「대對」는 바로 종이 있고 취가 있는데, 종취가 바로 일대一對입니다. 「교설」은 바로 석가모니부처님께서 우리에게 설하신 교학이고, 「달의達義」는 우리가 이 이치에 대한, 이 사실에 대한 명백한 앎입니다. 즉 부처님께서 강설하신 뜻을 우리가 잘 이해하는 것입니다. 부처님께서는 우리에게 《무량수경》·

《아미타경》·《관무량수경》을 설하여 주시고, 우리는 이를 모두 듣고서 잘 이해합니다. 이것이 일대一對입니다. 부처님께서 우리에게 말씀해주시지 않으셨는데 우리가 어떻게 알겠습니까? 그래서 부처님은 중생에 대해 베푼 가장 큰 은덕은 바로 경전을 설하심으로써 우리로 하여금 이러한 일이 있음을 알게 하여 해낼 수 있도록 하십니다.

둘째는 사리事理로 사事를 들어 종으로 삼고 이理를 밝게 드러냄을 취로 삼는다.

二事理、擧事相爲宗、詮顯理爲趣。

사리를 뜻 가운데 갖추고 있는 것으로 염불 등 사事를 숭상하여 그 뜻이 어떠한가를 말한다. 미타자성 정토유심의 지극한 이理를 밝혀 드러내고자 함이다.

事理、義中所具者。謂崇尚念佛等事、其意云何。正欲彰顯彌陀自性、淨土唯心之至理也。

둘째는 「사리事理」 일대一對입니다. 특별히 《불설아미타경》에서 전부 설하는 것은 사상事相입니다. 그러나 여러분은 알아야 하나니, 당신에게 사事를 설해주면 사事 안에 이理가 들어있기에 당신은 이理를 밝혀야 하고, 당신에게 이理를 설해주면 이러한 이를 여하히 사상事相에 응용해야 하기에 당신은 사를 알아야 비로소 진정한 수용을 얻을 수 있고, 이러면 헛되이 배우지 않은 셈입니다. 만약 당신이 부처님께서 설하신 이 사事를 듣고서 이理를 밝히지 못하면 당신의 신심이 생겨날 수 없습니다. 《아미타경》처럼 당신이 이 안에 담긴 이치의 말씀을 모른다면 그야말로 신화나 소설을 말하는 것처럼 신심이 생겨나기 쉽지 않습니다. 이理는 매우 깊어서 우리가 《아미타경》의 주해인 연지대사의 《소초疏鈔》를 읽어야 비로소 글자와 문구에 담긴 깊고 깊은 의리를 알 수 있는 것과 같습니다. 우리는 이 경에 대해 비로소 공경하고 우러러보는 마음이 진정으로 생겨날 수 있습니다. 이것이 정토에 대한 연지대사님의 공덕이 대단히 큰 점입니다.

셋째는 경지境智로 삼신불의 경계를 종으로 삼고, 이관二觀의 지혜를 취로 삼는다.

三境智、三佛境爲宗、二觀智爲趣。

경지境智는 이理 안에 열리는 것이다. 경境은 곧 관의 대상(所觀)인 이理이고, 지智는 관의 주체(能觀)인 심心이다. 부처님의 원융하신 삼신이 진경眞境이고, 사일심事一心과 이일심理一心이 진관眞觀이다.

境智、理內開者。境、卽所觀之理。智、是能觀之心。佛之圓融三身、眞境也。事一心、理一心、眞觀也。

셋째는 「경지境智」 일대입니다. 주해의 해석은 간단명료합니다. 서방정토 아미타부처님은 보신이 있고 법신이 있으며 응신이 있습니다. **사토四土 중에서 우리가 범성동거토凡聖同居土 · 방편유여토方便有餘土에서 친견하는 아미타부처님은 응신불을 친견함이고, 실보장엄토實報莊嚴土에서 친견하는 아미타부처님은 보신불이며, 상적광정토에서 친견하는 아미타부처님은 법신불입니다.** 이것이 「삼신불의 경계를 종으로 삼는다」는 뜻입니다. 그러나 서방극락세계는 특별한 세계입니다. 다른 세계에서 삼신불은 매우 또렷하게 나눌 수 있습니다. 삼천년 전 인도에서 계셨던 석가모니부처님은 보신불이 아니고 응신불입니다. 그러나 이와 달리 **서방극락세계의 아미타부처님은 한 부처님이 곧 삼신불이고, 삼신불이 곧 한 부처님입니다.** 미묘하다 함은 이 점에서 미묘하다는 것입니다. 그래서 그 세계는 평등한 세계라 합니다. 대보살이 서방극락세계에 왕생하신다 말함은 당연히 그가 왕생하는 곳은 실보장엄토이고, 친견하는 부처님은 보신불입니다. **우리가 업을 진 채 하하품으로 왕생하여 친견하는 부처님은 아미타부처님 응신불입니다. 응신불의 상호는 보신불과 다르지 않고 보신불은 응신불과 차별이 없습니다.** 이는 《무량수경》에서 또렷하게 볼 수 있습니다. 진정으로 불가사의합니다. 다른 제불세계에서는 없고, 일체경전에서도 이 일을 설하지 않았습니다.

그래서 지금까지 불법을 접촉하지 않은 사람에게 아미타부처님을 말하였는데 그가 믿는다면 이는 그의 선근이 깊고 두터우며 그의 복덕이 두텁게 모인 것입니다. 아무리 불교를 많이 연구하고 경전을 많이 읽었어도 이 법문에 대해서는 믿기 어렵습니다. 그것은 대단히 정상적인 현상입니다. 왜냐하면 지금까지 본 제불세계에는 이런 일이 없기 때문입니다. 그래서 수많은 큰스님도 서방정토를 믿지 않는데, 이는 매우 정상이고 조금도 이상하게 여겨지지 않습니다. 그러나 일체법이 모두 불설이므로 반드시 그 스님들을 존중해야 합니다.

제가 싱가포르에서 경전을 강설하던 때 우리가 잘 아는 연배演培 스님은 미륵정토를 닦았고, 저는 미타정토를 닦아 서로 닦는 정토가 달랐습니다. 그가 저에게 그의 도량에서 법문해주길 청하여 저는 그의 대중들과 법연을 맺었습니다. 저는 그곳에 가서 강연을 하면서 미타정토를 말하지 않고 미륵정토를 찬탄하였습니다. 왜냐하면 사람들은 그곳에서 25년간 미륵정토를 가르쳤는데, 제가 그분들에게 서방정토에 태어나길 구하라 권하면 어찌 그분들의 지견을 파괴하고 산란시키는 일이 아니겠습니까? 이렇게 하면 안됩니다. 이 점을 우리는 중시해야 합니다. 사람들이 어떤 도량에 다니면 우리는 반드시 그분들의 법문을 찬탄해야 옳습니다. 그래서 고인께서는 "**불법이 흥하고자 한다면 오직 승가가 승가를 찬탄해야 한다**(若要佛法興 唯有僧讚僧)." 하셨습니다. 이렇게 해야 불법이 살아납니다. 우리가 미륵정토를 찬탄함을 듣고서 그곳 신도들의 스승님에 대한 신심이 더욱 증장되었다고 합니다.

만약 우리가 미륵정토는 왕생하기 매우 어렵고 서방정토는 매우 쉽다고 말한다면 사람들은 도대체 어느 것이 옳은지, 영문을 몰라 할 것입니다. 이는 도심道心을 파괴하는 것입니다. 고인께서는 **"천강의 물을 흔들지언정 도인의 마음을 흔들지 말라."** 하셨습니다. 사람의 정념正念을 파괴하지 않는 것이 매우 중요합니다. 그래서 저는 그들 도량에 가서 《화엄경》, 《사십화엄》 뒷부분의 미륵보살 한 장을 강연하였습니다. 이는 저의 근본을 여의지 않습니다.

홍콩에서 성일聖一 스님은 참선을 하시는 분으로 저에게 그의 선원에서 대중에게 법문을 청하였습니다. 저는 《육조단경》에서 한 단락을 강연하며 그들에게 염불을 권하지 않고 참선을 격려하였습니다. 결코 참선은 매우 어렵고 염불이 좋다고 말하지 않았습니다. 그래서는 안됩니다. 그러면 다음에 당신에게 가르침을 청하지 않을 것입니다, 그래서 반드시 「승가가 승가를 찬탄해야」 함을 알아야 합니다. 현재 수많은 사람들이 한 도량에 가서 자신의 의견에 따라 다른 사람의 도심을 파괴하는데 이는 해서는 안 되는 것임을 모릅니다.

「이관지二觀智」는 사일심事一心과 이일심理一心입니다. 그래서 이 한마디 아미타불을 염하는 것이 바로 관觀임을 알아야 합니다. 교敎에서는 모두 지관止觀을 닦습니다. 지관은 선禪과 또한 다르지 않습니다. 선은 정려靜慮라는 뜻입니다. 정靜은 안정으로 지止입니다. 일체 망상을 그치고 일체 망념을 그치면 마음은 비로소 청정합니다. 관은 바로 일체 법에 대해 또렷하고 명백한 것입니다. 지관을 쌍으로 운영하여 지止 안에는 관觀이 있고, 관觀 안은 지止입니다. 정靜 안에는 려慮가 있고, 려慮 안은 정靜입니다. **려(慮; 사려)는 관의 뜻으로 또렷하고 명료하며 마음이 청정한 것입니다. 이를 선禪이라 합니다. 그래서 지관도 선이고, 염불도 선입니다.** 우리가 염불할 때 일체 망념도 없고 일체 망상도 없으면 바로 지止입니다. 이 한마디 부처님 명호가 또렷하고 명백하면 바로 관觀입니다. 그래서 고인께서는 우리에게 부처님 명호가 마음속에서 생겨나고 입에서 칭념하며 귀에서 듣고서 또렷하고 명백하면 이것이 바로 관觀이라고 가르쳐주셨습니다. 일심불란에 이르도록 염하면 공부가 진정으로 성취됩니다.

일심불란에는 사일심事一心이 있고 이일심理一心이 있습니다. 사일심에 이르러 선정을 얻을 수 있으면 이것이 바로 염불삼매입니다. 바꾸어 말하면 **언제 어디서든지 마음속이 또렷하고 명백하여, 망상도 분별도 집착도 없어 일체 잡념이 없으면 이를 사일심事一心이라 하고, 이것이 바로 염불삼매입니다. 이일심理一心은 명심견성明心見性이고, 확철대오입니다.** 그래서 사일심은 정定이고, 이일심은 정定에서 혜慧가 열림입니다. 이관二觀이 말하는 것은 정혜定慧이고, 이관의 지혜는 모두 반야지혜에 속합니다. 염불하기만 하면 응신불도 좋고, 보신불도 좋으며, 법신불도 좋습니다. 우리가 만약 이러한 번거로움을 피하고 바로 한마디 아미타불을 끝까지 염하면 그것이 응신·법신·보신이든 상관없습니다.

그러나 관상觀想을 하는 경우 보신불은 상이 너무나 미세하여 관하기 어렵습니다. 부처님에게는 무량한 상호가 있어 관할 수 있는 방법이 없습니다. 응신불은 관하기 좋습니다. 부처님께서는 32상 80종호가 있어 이는 비교적 쉽습니다. 32상 80종호에 대해서는 강미농 거사의 《금강경강의》 주해에서 매우 또렷하고, 황념조 거사의 《무량수경》 주해에서도 매우 상세합니다. 상은 과보이므로 하나의 상마다 인因을 닦음이 있습니다. 예를 들면 광장설상廣長舌相의 경우 보통사람의 혀는 길지 않아 혀를 내밀어 코를 핥을 수 없습니다. 혀를 내밀어 코를 핥으면 삼세에 거짓말을 하지 못합니다. 우리는 지금 혀를 내밀어 코를 핥지 못하여 거짓말을 매우 많이 합니다. 부처님께서는 혀를 내밀면 얼굴을 전부 덮을 수 있어 세세생생 거짓말을 하지 않습니다. 그래서 상 하나하나마다 모두 인과관계가 있어 32상 80종호는 우리에게 인을 닦아야 비로소 과위를 증득할 수 있음을 말해 줍니다.

넷째 행위로 신원행을 종으로 삼고, 불퇴에 들어감을 취로 삼는다.

四行位、信願行爲宗、入不退爲趣。

행위가 지혜를 따라 일어난다 함은 신원행 삼자량이다. 불퇴라 함은 정도를 믿어 삼계를 여읜이 위불퇴이다. 부처님을 친견하길 발원하여 불심을 염함이 염불퇴이다. 정업을 행하여 염불인을 섭수함이 염불퇴이다. 또한 화신불의 교敎를 믿어 범부와 외도를 뛰어넘음이 신불퇴이다. 보신불의 과果를 원하여 이승의 경계를 뛰어넘음이 염불퇴이다. 법신불의 이理를 행하여 권교의 수증을 뛰어넘음이 행불퇴이다.

行位、隨智起者。信願行、三資糧也。不退者、信淨土、離三界、位不退也。願見佛、念佛心、念不退也。行淨業、攝佛人、行不退也。又信化佛敎、超凡外道、信不退也。願報佛果、超二乘境、念不退也。行法佛理、超權修證、行不退也。

《기신론소》에 이르시길, (왕생인을) 기준으로 삼위가 있나니, 첫째는 (연꽃이 아직 피지 않았을 때처럼) 신행이 아직 원만하지 않지만, 물러남이 없는 인연에 처하는 까닭에 불퇴라 부르고, 둘째, (꽃이 피어 부처님을 친견하고) 믿음이 이미 원만하여 십주위十住位에 들어 법신을 친견하고 정정취正定聚에 머무는 까닭에 불퇴라 이름하며, 셋째, 삼현위三賢位로 원만하여 초지初地에 들어가 두루 원만한 법신을 증득하고 가없는 불국토에 태어나는 까닭에 불퇴라 이름한다.

起信疏云。約有三位。一信行未滿、未名不退。但以處無退緣、故稱不退。二信滿已去、入十住位、得見法身、住於正定、故名不退。三三賢位滿、入初地去、證遍滿法身、生無邊佛土、故名不退。

믿음으로 말미암아 신불퇴信不退를 이루고, 발원으로 말미암아 주불퇴住不退를 이루며, 염불행으로 말미암아 지불퇴地不退를 이룬다. (십지경론을 연구하는) 지론사는 말하길, "십주十住는 증불퇴이고 십행十行은 위불퇴이며 십회향十迴向은 행불퇴이고 십지十地는 염불퇴이다." 하였다.

由信、成信不退。由願、成住不退。由行、成地不退。地論師云。住是證不退。行是位不退。向是行不退。地是念不退。

넷째는 행위行位입니다. 이 법문은 수행에 세 가지 조건이 있음을 말합니다. 이 세 가지 조건은 바로 신원행信願行으로 《아미타경》은 이 일을 전문으로 말합니다. 우익대사님의 《미타요해》를 보면 대사께서는 《아미타경》의 서분 · 정종분 · 유통분, 이 삼분에 대해 모두 신원행으로 과의 제목을 표명하였습니다. 정종분에서는 신원행의 3단락으로 나누었고, 유통분에서도 신원행의 3단락으로 나누었으며, 서분도 이와 같습니다. 그래서 믿음을 권하고 왕생발원을 권하며 집지명호를 권하십니다. 이것이 수행의 세 가지 중요한 조건으로 하나라도 빠지면 안됩니다. 《미타요해》에서는 매우 상세하고 투철하게 말씀하십니다.

「불퇴에 들어감을 취로 삼는다」, 이는 바로 삼불퇴를 원만히 증득함입니다. 삼불퇴는 첫째는 위불퇴位不退이고, 둘째는 행불퇴行不退이며, 셋째는 염불퇴念不退입니다. 공부를 잘 이용하면 이번 일생에 삼불퇴를 증득할 수 있습니다. **공부성편에 이르도록 염하면 바로 위불퇴입니다.** 공부성편은 바로 우리 마음속에 염념마다 아미타부처님이 계시고 번뇌를 끊지 않고 다른 일체 잡념이 없는 상태입니다. 비록 번뇌를 끊지 않아 습기가 있을지라도 다만 마음속에 확실히 아미타부처님께서 계실 뿐, 다른 아무런 생각도 없습니다. 어떤 일이든 인연에 따르고 아무런 생각도 없고, 단지 아미타부처님만 생각하고 서방극락세계에 태어나길 생각할 뿐입니다. 만약 이 정도까지 해내면 이를 위불퇴라 하고, 결정코 왕생합니다. 이는 실제로 누구나 다 해낼 수 있습니다. **행불퇴에 이름은 바로 사일심불란입니다. 염불퇴에 이름은 이일심불란으로 무생법인에 들어갑니다.** 이는 이번 생에 해낼 수 있습니다.

이번 생에 위불퇴는 쉽게 해낼 수 있고, 행불퇴와 염불퇴는 누구나 다 해낼 수 있는 것은 아닙니다. 그러나 괜찮습니다. 왕생하면 모두 얻을 수 있습니다. 다른 법문은 없고, 오직 이 법문만 있습니다. 왜 그럴까요? 왕생할 때 아미타부처님께서 오셔서 접인하시고, 당신을 접인하실 때 먼저 부처님의 광명으로 당신을 비춥니다. **부처님의 광명이 비추면 당신의 무시 겁 이래의 죄업이 사라집니다. 부처님의 광명이 죄를 소멸시키고 당신은 위불퇴에서 염불퇴로 상승됩니다.** 그래서 구마라즙대사께서 번역하신 《아미타경》에서 「일심불란一心不亂」은 원래 경문은 「일심계념一心繫念」입니다. 이는 현장대사의 역본으로 범문을 직역한 것입니다. 구마라즙대사께서는 범문의 뜻에 따른 것이 아니라 의역한 것입니다. 그렇지만 일심불란은 왕생할 때 부처님께서 접인하실 때 부처님광명이 비추어야 일심불란을 얻을 수 있으므로, 이는 잘못 말씀하신 것이 아닙니다.

공부성편에 이르도록 염하면 부처님께서 접인하실 때 바로 사일심을 얻습니다. 사일심에 이르도록 염하면 부처님 광명이 비추일 때 바로 이일심을 얻습니다. 그래서 이는 불력의 가지입니다. 정토법문은 자력·타력의 이력법문입니다. 자신에게 얼마간의 역량이 있으면 부처님께서 가지하는 힘은 그것에 비례합니다. 우리에게 일분의 힘이 있으면 부처님께서 일분의 힘을 가지하시고, 우리에게 십분의 힘이 있으면 부처님께서 십분의 힘을 가지하십니다. 그래서 반드시 자신이 노력해야 합니다. 우리의 마음속이 청정하지 않아 염불할 때 뒤섞이면 왕생할 기회도 매우 적어집니다. 우리가 결정코 왕생하고 싶으면 반드시 자신의 청정심을 유지해야 합니다.

청정심의 유지는 실제로 어려운 일이 아닙니다. 다른 사람의 일에 상관하지 않으면 마음이 청정해집니다. 고덕께서는 "아는 일이 많을 때는 번뇌도 많다." 하셨습니다. 또한 "아는 사람이 많으면 시비도 많다." 하셨습니다. 그래서 청정하고 싶으면 우리와 무관한 일은 몰라야 하고, 모르는 사람과 왕래할 필요가 없습니다. 일이 적을수록 우리의 마음도 청정해집니다. 나의 마음이 청정한 것이 중요하고, 내가 극락세계에 왕생하는 것이 중요합니다. 이것이 큰일입니다. 그래서 각명묘행覺明妙行보살께서 말씀하시길, "**한마디 말은 적게 말하고 한마디 부처님 명호는 많이 염하라. 번뇌를 죽이면 그대의 법신이 살아나리라.**" 하셨습니다. 다른 사람과 이야기 하지 않고 염불하는 것이 좋습니다. 진정으로 염불당에서는 결코 마음을 뒤섞어서도 잡담을 해서도 안됩니다. 오로지 한마디 부처님 명호를 끝까지 염해야 일생동안 삼불퇴를 증득할 수 있습니다.

다섯째는 인과로 인행을 종으로 삼고 극과덕克果德을 취로 삼는다.

五因果、以因行爲宗、克果德爲趣。

인과는 불퇴의 성취하는 바이다. 인이 불퇴이면 진인眞因이라 이름하고, 과가 불퇴이면 진과眞果라 이름한다. 불국토를 믿고 발원하며 육근을 섭수하여 정념을 이어감이 보리에 물러나지 않은 인행이고, 삼마지를 얻음을 제일 원통으로 삼음이 보리에 물러나지 않는 과덕이다.

因果、不退之所成者。因若不退、名爲眞因。果若不退、名爲眞果。信願佛土、攝根淨念、是不退菩提因行也。得三摩地、第一圓通。是不退菩提果德也。

경문에는 세 가지가 있으니, (첫째) 저 부처님을 억념함이 인이고, 현전이나 당래에 부처님을 친견함이 과이다. (둘째) 염불하여 부처님을 친견하고 가까이 모심이 인이고, 마음이 열려 향광으로 장엄함이 과이다. 염불심으로 무생법인에 들어감이 인이고 염불인을 섭수하여 서방정토로 돌아감이 과이다.

文有三重。憶念彼佛、因也。現當見佛、果也。念見近佛、因也。心開香嚴、果也。念心入忍、因也。攝人歸土、果也。如是五對、展轉相因、以爲生起。

다섯째는 인과因果입니다. 현재 인을 닦으면 장래에 반드시 과를 맺는다는 이러한 이론 방법에 비추어 염불할 수 있습니다. 이는 진인眞因입니다. **마음의 청정 · 자재 · 평등 · 불퇴를 증득함은 현전의 과입니다.** 현전에서는 이러한 수승한 과가 있습니다. 장래에 왕생하는 품위는 반드시 위로 늘어나니 이는 원만수승한 과입니다.

이상으로 별설別說에는 오대五對의 종취宗趣가 있습니다. 총설과 별설을 합쳐서 보아야 비로소 염불을 어떻게 해야 하는지 알게 되고 염불의 공덕과 이익의 수승함이 실제로 비길 데 없이 뛰어납니다. 그래서 응당 노력해서 수학해야 합니다.

[제4문] 제목 명칭의 간략한 해석(略釋題名)

넷째 문은 제목의 명칭을 해석함으로 네 가지 대의가 있다.

四略釋題名者、有四對義。

넷째 문 이하는 표첩標牃이다. 유有 이하는 해석이다. 이 구는 열列이다.

四下、標牃。有下、解釋。此句列也。

첫째는 총별이다. 이른바 수능엄首楞嚴 세 글자는 총칭이다. 총은 저 대경에 통하는 까닭이다. 세勢 등 일곱 글자는 별호이다. 별은 이 일장一章에 국한되는 까닭이다.

初總別。謂楞嚴三字、總稱也。總通彼大部故。勢等七字、別號也。別局此一章故。

첫째 이하는 석釋이다. 총總에도 일대一對가 숨어 있다. 능엄은 의義이고 국局이다. 경經 자는 교敎이고 통通이다. 지금 나타나지 않는 것은 섞일까 두려워서이다.

初下、釋也。總中亦影一對。楞嚴、義也。局也。經字、敎也。通也。今不出者。恐混濫故。

수능엄 세 글자는 이 대경의 약칭으로 이 경전은 원래 경전제목이 《불설여래밀인수증요의제보살만행수능엄경佛說如來密因修證了義諸菩薩萬行首楞嚴經》로 매우 깁니다. 약칭은 《수능엄경》, 혹은 《대불정수능엄경》입니다. 「능엄」을 말함은 바로 경전 전체를 말합니다. 「대세지보살염불원통장大勢至菩薩念佛圓通章」은 25원통장 안의 일장에 국한됩니다. 이는 《능엄경》의 일단으로 염불법문을 전문적으로 설하고 있습니다. 이것은 대세지보살께서 말씀하신 법문에서 유래합니다. 제목에는 총總과 별別의 뜻이 있습니다.

둘째 교의教義이다. 앞의 별 가운데 교가 둘로 나뉜다. 이른바 장章 한 글자는 능전能詮의 가르침이고, 세勢 등 여섯 글자는 소전所詮의 뜻이다.

二教義。就前別中、分教義二。謂章之一字、是能詮教也。勢等六字。是所詮義也。

장章은 능전能詮에 속한다 함은 원통문자圓通文字, 염불교장念佛教章임을 말한다.

章、屬能詮者。謂是圓通文字、念佛教章也。

장章은 편장篇章의 뜻으로 한 편, 한 장은 능전能詮의 뜻을 설한 것입니다. 「세지보살염불勢至菩薩念佛」, 이 여섯 글자는 보살께서 설하신 바로 이 일장의 주요한 의의는 대세지보살의 염불에 있습니다. 이는 교의 차원에서 살펴본 것을 말합니다. 이는 매우 명료합니다.

셋째 인과果因이다. 앞의 뜻 가운데 이 일대一對가 열린다. 이른바 원통은 과이고 소증證所의 경계인 까닭이다. 세勢 등은 인이고 능수能修의 관인 까닭이다.

三果因。就前義中、開此一對。謂圓通是果、所證境故。勢等是因、能修觀故。

과인果因의 대對는 또한 경지境智의 대라 이름할 수 있나니, 원통이 경계이고 염불이 지혜이다. 또한 진속眞俗 · 이사理事 · 성수性修 · 적행寂行의 대라 이름할 수 있나니, 원통은 진 · 이 · 성 · 적이고, 대세지보살의 염불은 속 · 사의 수행이다.

果因對、亦可名境智對。圓通、境也。念佛、智也。亦可名眞俗、理事、性修、寂行對。圓通、眞理性寂也。勢至念佛、俗事修行也。

셋째 인과는 소전所詮의 뜻에 과가 있고 인이 있습니다. 원통은 경계로서 진실로 통하지 않은 바가 없고 깨닫지 않은 바가 없어야 원만한 통달이라 할 수 있습니다. 이는 과증果證에 속합니다. 염불은 지혜입니다. 왜 염불이 지혜라고 말합니까? 수많은 사람은 염불이 지혜임을 알지 못합니다. 만약 염불이 지혜임을 알면 누가 염불을 하지 않겠습니까? 수많은 사람들은 불문에서 말하는 반야가 지혜라고 생각하며 《대반야경》을 염송하고 《금강반야경》을 염송하면서 한평생 공부하였음에도 지혜가 열리는 사람을 보지 못했습니다. 그것은 지혜가 틀림이 없지만 방법을 몰라서입니다.

염불이 어째서 지혜입니까? 세심하게 이해하면 명백해집니다. 염불은 청정심입니다. 마음이 청정하지 않으면 염불이라 하지 못합니다. 염불심에는 단지 부처님, 이 일념만 있고 일체망상·집착·분멸은 모두 없습니다. 이를 염불이라 합니다. **마음이 청정하면 일어나는 작용이 바로 지혜입니다. 그래서 염불은 진정한 지혜이고 진실한 지혜입니다.** 만약 그렇지 않으면 《화엄경》에서 "십지보살은 처음부터 끝가지 염불을 여의지 않는다(十地菩薩始終不離念佛)." 말씀하시겠습니까! 십지보살은 초지에서 십지에 이르는 보살들로 그들의 목적은 무상보리를 증득하길 구하는데 그들이 채택한 방법이 바로 염불입니다. 이것이 진실로 미묘함입니다.

대세지보살은 이 지위에 있습니다. 이 능엄회상에서 대표하는 것은 어떤 지위의 보살입니까? 원교의 초주보살로 이 지위는 높지 않습니다. 「이근원통장耳根圓通章」에서 관세음보살이 대표하는 지위는 원교의 초주보살입니다. 그래서 여러분들은 어느 한 회상에서 그 보살이 모두 서로 같지 않음을 보아야 합니다.

《화엄경》 상에서도 관세음보살을 볼 수 있는데 어떤 지위입니까? 제7회향위의 보살입니다. 《법화경》에서도 관세음보살을 볼 수 있는데, 「관세음보살보문품」에서는 어떤 지위의 보살입니까? 등각보살입니다. 이렇게 신분은 모두 같지 않습니다. 능엄회상에서는 왜 초주보살을 말합니까? 왜냐하면 부처님께서는 그들에게 "너희들은 어떻게 수행하여 도를 이루는가?" 묻습니다. 일품의 무명을 깨뜨려 일분 법신을 증득합니다. 이것이 진정한 성위인 셈입니다. 일품 무명을 깨뜨리고 일분 법신을 증득하여 (처음으로 실보장엄토에 들어가면) 이는 원교 초주의 지위입니다. 그래서 이 25위 보살은 모두 원교의 초주보살을 대표합니다. 이로 말미암아 관세음보살은 초발심의 관음보살이 있고, 십신위의 관음보살이 있으며, 십주의 초주 관음보살이 있고, 십행위十行位의 관음보살이 있으며, 십회향 · 십지 · 등각이 있어 51계급입니다. 만약 묘각을 추가하면 52계급임을 알 수 있습니다. 그래서 이를 반드시 잘 알아야 합니다.

이는 우리에게 염불 이 방법으로 명심견성할 수 있고 원통을 증득할 수 있으며 어떤 한 법문의 도움을 빌리지 않아도 홀로 이 한 법으로 성취할 수 있음을 설명해 줍니다. 그래서 「염불은 지혜입니다.」 한마디 부처님 명호는 계정혜 삼학을 구족할 뿐만 아니라 실제로 이 한마디 아미타불에서 보살의 세 가지 지혜인 「문사수聞思修」를 포괄하고 있다고 말할 수 있습니다. 정토의 삼자량인 신원행 내지 보살의 육도만행이 한마디 부처님 명호에 남김없이 망라 되어있습니다. 이는 모두들 모르고 있습니다.

「또한 진속眞俗 · 이사理事 · 성수性修 · 적행寂行의 대對라 이름할 수 있다.」 만약 이렇게 전개하여 말하면 이러한 설법은 모두 다 통이라 말할 수 있습니다. 말하자면 원통은 진제이고 염불은 속제이며, 원통은 이理이고 염불은 사事이며, 원통은 성덕이고 염불은 수덕이며, 원통은 적寂이고 염불은 행行입니다. 이 염불의 방법으로 진성원통眞性圓通을 증득할 수 있습니다. 그래서 이는 매우 불가사의합니다.

넷째 인법이다. 앞의 인因 중에서 인人과 법法의 대로 나뉜다. 염불은 법이니 곧 전해받은 법이다. 세지는 인이니 이는 넓히는 주체인 사람이다. 이와 같이 네 가지 대의에 의지해 그 이름을 세울 뿐이다.

四人法。就前因中、分成此對。念佛、法也、即所稟法。勢至、人也、是能宏人、依四對義、立斯名耳。

넷째 이하에서 염불법의 경우, (첫째) 자신이 수용함은 아니고 변화해 나타나는 부처님(화신化身)을 염하는 법으로 소교小教이다. (둘째) 변화해 나타나는 것이 아니라 자신이 수용한 부처님(자보自報)을 염하는 법으로 종교終教이다. (셋째) 변화해 나타나기도 하고 자신이 수용하기도 하는 부처님(타보他報)을 염하는 법으로 시교始教이다. (넷째) 자신이 수용함도 아니고 변화하여 나타남도 아닌 부처님(법신)을 염하는 법으로 돈교頓教이다. (다섯째) 원통의 걸림없는 부처님(십신)을 염하는 법으로 원교圓教이다.

四下、念佛法者。念變化、非受用佛（化身）、小也。念受用、非變化佛（自報）、終也。念亦變化、亦受用佛（他報）、始也。念非受用、非變化佛（法身）、頓也。念圓通無障礙佛（十身）、圓也。

왜 이를 「대세지보살염불원통장勢至菩薩念佛圓通章」이라 칭하는지, 이 뜻을 완전히 설명하고 있습니다. 이 단락에서는 그 가운데 염불에 대한 주해를 볼 수 있습니다. 변하여 모습을 나타나는 부처는 화신불입니다.[19] 이를 염하는 법은 오교에서 소교小教에 속합니다. 변화신은 아니라 자기가 얻은 법락을 자신이 누리는 부처님(보신불)을 염하는 법은 종교終教입니다. 보신불에는 두 가지 뜻이 있습니다. 하나는 자수용보신自受用報身이고 하나는 타수용보신他受用報身입니다.[20] 변화하여 나타나기도 하고 다른 사람이 얻은 법락을 누리기도 하는 부처님을 염하는 것은 시교始教입니다. 이것이 뜻하는 것은 타수용의 보신입니다. 부처님은 이 몸을 나타내어 41법신대사, 바로 명심견성한 그들

19) 여러 가지 형태로 변해서 모습을 나타내는 것. 변현變現·화작化作·화현化現·화化라고도 한다. 예를 들면 부처님은 범부 등을 위해서 부처님의 모습 혹은 아귀 축생 등의 몸을 나타내는 것을 변화신變化身·화신化身이라고 한다.

20) 자수용신은 다른 보살이 보고 들을 수 없는 불신(佛身)으로서, 자기가 얻은 법락(法樂)을 자기만이 즐겨하는 몸이요, 타수용신은 십지(十地)의 초지(初地) 이상의 보살이 볼 수 있고, 자기가 받는 법락을 다른 보살에게도 주는 불신(佛身)이다.

보살을 교화하시니, 부처님께서는 반드시 보신을 나타내어 그들을 제도하십니다. 왜냐하면 그들 보살 본래 몸의 상호장엄이 불가사의하기 때문에 부처님께서는 반드시 그들과 비교해 더 좋고, 더 크며, 더 장엄한 몸을 나타내어야 이들 법신대사를 제도할 수 있습니다. 수용신도 아니고 변화신도 아님은 법신불입니다. 이를 염하는 법은 돈교에 속합니다. 원통의 걸림 없는 부처님은 원교의 부처님입니다. 이 원통의 걸림 없는 부처님은 《화엄경》에서 십신을 설하고 있어 가장 원만합니다. 그래서 염불은 어떠한 부처님을 염하는가에 달려있습니다.

관정灌頂 법사님께서는 청나라 건륭제 시기의 위대한 분으로 현재까지 전해지는 저작이 매우 많고, 《대장경》에도 적지 않은 저작이 수록되어 있습니다. 그러나 그의 저술을 읽을 때 그것에 속박 받을 필요는 없습니다. 이치를 잘 이해하고 이런 일이 있음을 알면 됩니다. 저는 하루 종일 한마디 나무아미타불을 염합니다. 이는 구경에는 보신이고 화신입니다. 그래서 이것들에 집착하면 오히려 쓸데없고 엇갈려 부처님 명호를 잘 염하지 못합니다. 그래서 반드시 이것들을 생각할 필요는 없고, 확실히 삼신불이 있고, 《화엄경》에서 십신불을 설하고 있다고 알면 됩니다. **단지 노실하게 한마디 아미타불을 염하기만 하면 삼신이 모두 그 가운데 있고, 십신이 그 가운데 있습니다. 분별하지도 집착하지도 망상을 짓지도 않으면 됩니다. 염불을 잘 하면 부처님께서 저절로 우리의 청정심 가운데 나타납니다.**

대세지보살 염불인의 경우, (첫째) 응화불의 불력 가지加持를 얻은 이는 소교의 대세지보살이다. (둘째) 공덕불의 불력 가지를 얻은 이는 시교의 대세지보살이다. (셋째) 지혜불의 불력 가지를 얻은 이는 종교의 대세지보살이다.(이 둘은 보불이다) (넷째) 여여불(법신불)의 불력가지를 얻은 이는 돈교의 대세지보살이다. (다섯째) 무진불(과거십불)의 불력 가지를 얻은 이는 원교의 대세지보살이다.

勢至人者。得應化佛力。小勢至也。得功德佛力、始勢至也。得智慧佛力、終勢至也（此二報佛）。得如如佛力（法佛）、頓勢至也。得無盡佛力（十佛）、圓勢至也。

다음은 염불인을 말합니다. 대세지보살은 염불을 할 수 있는 사람입니다. 첫째는 부처님과 감응도교하여 응화불의 불력 가지加持를 얻은 염불인으로 오교에서 소교小教의 대세지보살입니다. 둘째는 공덕불의 불력 가지를 얻은 염불인으로 시교始教의 세지보살이고, 셋째는 지혜불의 불력가지를 얻은 염불인으로 종교終教의 대세지보살입니다. 넷째는 여여불의 불력가지를 얻은 염불인으로 돈교頓教의 대세지보살입니다. 다섯째는 무진불無盡佛의 불력가지를 얻은 염불인으로 이는 원교의 대세지보살입니다. 여기서 말하는 부처님은 부처님의 이름입니다. 응화불應化佛 · 공덕불功德佛 · 지혜불智慧佛 · 여여불如如佛[21]은 전부

21) "응화불應化佛은 응신과 화신 두 신身을 합쳐 부른 것이다. 공덕불功德佛과 지혜불智慧佛은 모두 보신불이다. 오직 그 복덕으로 말

《화엄경》에서 말하는 십불十佛입니다.

[보충] 《화엄경》「승수미산정품昇須彌山頂品」에서 제석은 세존을 향해 게송으로 과거 십불을 말하는데, 각각 이곳에 와서 묘법을 연설한다. 과거 일체제불의 이체는 원융하여 법 그대로 둘이 없다. 지금 이 궁전에서 십주법十住法을 설하는 까닭에 다시 무진불無盡佛을 드러내고자 십불十佛을 말하니, 첫째 가섭여래迦葉如來, 둘째 구나함모니불拘那含牟尼佛, 셋째 구류손불拘留孫佛, 넷째 수업불隨業佛, 다섯째 시기불尸棄佛, 여섯째 비바시불毘波尸佛, 일곱째 불사불弗沙佛, 여덟째 제사불提舍佛, 아홉째 파두마불波頭摩佛, 열째 정광불錠光佛이다. _《탐현기探玄記》5

이는 또한 교리를 기준으로 간략히 해석하였고 아래 더 상세히 해석할 것이다. 곧 이 제목명 안에 인人과 법法을 쌍으로 밝혔고, 인과를 모두 들었으니, 이치와 뜻이 두루 다하였다. 그래서 장의 머리에 표명하였다.

此亦約教略釋、下更詳解。則知此題名內、人法雙彰。因果並擧。理盡義周、故標章首。

이는 교리 안에서 간략히 언급되었고, 아래에서 상세하게

미암아 말하면 공덕불이고, 그 지혜로 말미암아 말하면 지혜불이다. 여여불如如佛은 진여의 이체를 가리키고 법신불에 상응한다." 《불광대사전》, 사신四身

설명할 것입니다. 이는 제목의 뜻입니다. 이 대단락에서 이 장경의 내용 · 지취旨趣 · 의리義理를 대략 명백히 설명할 수 있습니다.

事理圓融 性相無碍
大小竝收 利鈍均攝
念佛之爲法門也
大矣哉
南無大勢至菩薩
크도다! 염불을 법문으로 삼아,
대승과 소승을 모두 섭수하고
이근과 둔근을 나란히 포섭하며,
사事와 이理에 원융하고
성性과 상相에 걸림이 없다.
부처에 즉함이 그대로 마음이니
한 마음도 마음부처 아님이 없고
마음에 즉함이 그대로 부처이니
한 부처도 부처마음 아님이 없다.
마음을 전일하게 억념함에 불불이 모두
드러나고 부처님을 전일하게 칭념함에
마음마음 문득 드러나니, 마음 바깥에
부처가 없어 마음의 억념하는 바가 되고
또한 부처 밖에 마음이 없어 부처의
칭념하는 바가 된다.
– 능엄경 대세지보살염불원통장 소초

부록 1

인광대사 대세지보살 염불원통장 절록

인광대사印光大師 (1862－1940)

인광대사께서는《능엄경 대세지보살염불원통장》을 매우 중시하시고, 그것을 찬탄 홍양하는데 혼신의 힘을 다하셨습니다. 이 장경을 선택하여《정토사경》에 추가하여《정토오경》을 넣으셨을 뿐만 아니라 제자들에게 근기에 따라 법문하시면서 반복하여「도섭육근都攝六根 정념상계淨念相繼」의 염불묘법을 반복해서 세세히 설명하셨습니다. 아래에서는 인광대사의 문초文鈔에 있는 법문을 나누어 서술하겠습니다.

1. 능엄경 대세지염불원통장은 가장 미묘한 염불법문이라 찬탄하다

《문초속편》 하권「정토오경중간서淨土五經重刊序」에서 대사께서 말씀하시길, "여러 대승경전에서는 정토를 덧붙여 말하고 있는데, 그 수가 많아서 일일이 다 헤아릴 수 없다. 그리고《능엄경 대세지염불원통장》은 실로 가장 미묘한 염불법문이다. 중생이 염불로써 참으로 육근을 모두 거두어 들여 정념을 이어갈(都攝六根淨念相繼) 수 있으면 어찌 현전이나 당래에 반드시 부처님을 친견하고 가까이 원통을 증득하며 멀리 불도를 이루지 못하겠는가?" 하셨습니다.

《문초속편》 하권「영암산독수靈巖山篤修 정토도량 계건대전기啟建大殿記」에서 대사께서 말씀하시길, "능엄경대세지염불원통장은 실로 가장 미묘한 염불법문이다." 하셨습니다.

《문초속편》「대세지보살게찬大勢至菩薩偈讚」에서 대사께서 찬탄하시길,

"대세지보살께서 갖추신 공덕은 한이 없나니, 아미타부처님을 보필하여 자비의 배를 운영하고, 중생의 괴로움을 구하심에 바로 관자재보살과 같으며, 서방극락으로 인도하심에 보현보살 십대원왕과 다르지 않다.

인을 닦음에 널리 육근·육진·육식을 사용하게 하고 과를 증득힘에 모두 원통의 진상을 얻도록 하시며 염불하는 사람을 거두어 정토로 돌아가게 하시니, 이 은혜 영겁토록 잊을 수 없어라.

대세지보살께서 중생을 이롭게 하는 깊고 미묘한 진실한 뜻은 오로지 염불법문을 주로 삼음에 있나니, 자식이 어머니를 잊지 않고 기억하듯 세존을 잊지 않고 기억하면 직하에 부처님의 은혜를 입으리라.

원인된 마음과 결과인 깨달음이 서로 계합하여 곧바로 본래자리로 돌이켜 자심의 본원으로 돌아가니, 도섭육근의 미묘한 법문은 논하기 어려워하라. 원하옵건대 두루 법계에 유통하여지이다."

2. 「도섭육근 정념상계」는 가장 미묘한 염불방법이라 찬탄하시다

《문초속편》 상권 「복오희도거사서復吳希道居士書」에서 찬탄하시길, "도섭육근 정념상계는 가장 미묘한 염불방법이다." 하셨습니다. 《문초속편》 상권 「복환수대사서復幻修大師書」에서 법문하시길, "염불공부하는 가장 미묘한 방법은 도섭육근 정념상계이다" 하셨습니다. 《문초삼편》 2권 「복장서초거사서팔復張曙蕉居士書八」에서 대사께서 말씀하시길, "도섭육근은 가장 미묘한 염불의 일법이다." 하셨습니다. 《문초삼편》 4권 「답유대석거사문答俞大錫居士問」에서 말씀하시길, "도섭육근 정념상계는 가장 미묘한 마음을 제어하는 법(制心法)이다." 하셨습니다.

《문초속편》 하권 「정토지요淨土指要」에서 말씀하시길, "수지법에 이르러 곧 항상 응당 자식이 어머니를 잊지 않고 기억하듯이 걸을 때나 머물 때나 앉을 때나 누울 때나 말할 때나 침묵할 때나 주위를 돌거나 언제든지 한마디 부처님 명호를 실이 이어지듯 빈틈없이 어떠한 사연에도 끊어지게 하고, 모두 육근을 거두어 들여 정념을 이어갈지라. 능히 이와 같은 자는 결정코 정토에 왕생하리라." 하셨습니다.

《문초삼편》 3권 「복강기요거사서일復康寄遙居士書一」:

염불법문은 신원행信願行 세 가지 법을 종으로 삼고 보리심을 근본으로 삼는다. 시심작불 시심시불(是心作佛 是心是佛; 이 마음 그대로 부처가 되고, 이 마음 그대로 부처이다)을 인해과해 과철인원(因該果海 果徹因源; 인지에서 과지의 공덕바다를 갖추고, 과지에서 인지의 근원에 사무친다)의 실의實義로 삼는다. 도섭육근 정념상계(都攝六根淨念相繼; 모든 육근을 거두어 들여 정념을 이어간다)를 공부를 시작하는 최상의 절요切要로 삼는다. 이로 말미암아 행하고, 다시 사홍서원으로써 늘 마음을 여의지 않으면 곧 마음과 부처가 계합하고 마음과 도가 계합하여 현생에 성류聖流에 들어가고, 임종시 곧장 상품에 올라가야 이번 생을 저버리지 않을 수 있다!

3. 도섭육근都攝六根이 염불비결임을 찬탄하다.

《문초삼편》 1권 「복명성대사서復明性大師書」 :

《능엄경대세지원통장》 말후에 이르시길, "부처님께서 저에게 원통의 방법을 물으시니, 저는 달리 선택하지 않고, 오로지 육근을 모두 거두어 들여 정념을 이어가서 삼마지를 얻는 것을 제일로 삼겠나이다." 하셨다. 달리 선택하지 않는다(無選擇) 함은 두루 육근 육진 식대識大를 사용하여 염불한다는 뜻이다. 염불은 불력에 의지해 생사를 요탈하고, 참선은 자력에 의지해 생사를 요탈하여 깨달을 수 있는 자가 오히려 많이 보이지 않거늘 하물며 장교藏教의 사과四果 및 원교의 칠신七信을 증득함이랴. (사과四果 칠신七信이라야 생사를 요탈한다) 도섭육근都攝六根하여 (수행의 인지에) 입수入手함은 들음(聽)에 있다. 큰 소리로 염하든 작은 소리로 염하든 입을 열지 않고 마음속에 묵념하든 상관없이 모두 모름지기 한 자 한 자, 한마디 한마디 또렷하게 들어야 한다. 이것이 염불의 비결이다. 신원행 세 가지 법이 정토의 강요이고, 도섭육근이 염불의 비결이니, 이 둘을 아는 자는 더 이상 다른 사람에게 물을 필요가 없다!

4. 《능엄경대세지염불원통장》을 선택해 《정토오경》에 넣다

《문초》 1권 「복영가모거사서사復永嘉某居士書四」:

"《능엄경》 5권 말 대세지보살장은 정종 최상의 법문이다. 다만 이 일장을 《정토사경》에 선정하기만 하면 오경이 되니 어찌 글의 길이에 두려움이 있겠는가.”

《문초속편》 하권「정토오경중간서淨土五經重刊序」:

“그리고《능엄경 대세지염불원통장》은 실로 가장 미묘한 염불법문이다. 중생이 염불로써 참으로 육근을 모두 거두어 들여 정념을 이어갈(都攝六根 淨念相繼) 수 있으면 어찌 현전이나 당래에 반드시 부처님을 친견하고 가까이 원통을 증득하고 멀리 불도를 이루지 못하겠는가? 그래서 삼경을 나열한 후《보현행원품》을 이 장경의 뒤에 두어 정토법문의 일대연기를 이루었다. 여러 읽는 사람들로 하여금 이 일법이 부처님의 본회를 크게 펼치고저 자력에 의지해 미혹을 끊고 진정으로 생사를 요탈하는 사람에게 그 어렵고 쉬움을 비교하면 어찌 하늘과 땅만큼 큰 차이가 아니겠는가. 그래서 구법계 중생이 함께 돌아가고 시방제불이 같이 찬탄하며 천경만론을 모두 널리 펼친다. 금릉의 정토사경판은 세월이 까마득하여 정업을 닦는 사람에게는 괴롭게도 가장 상쾌한 독본이 없다. 때문에 금속판으로《대세지염불원통장》을 삼경의 뒤에 첨부하여《정토오경》이라 부른다. 법문의 연기를 논한다면 마땅히《무량수경》을 머리로 삼아야 하겠지만, 지금 독송에 편리한 까닭에《아미타경》을 머리로 삼는다. 독자들께서는 이를 양해해주시길 바란다.

5. 대세지보살염불원통장 의혹을 결정하다

1. 빗장을 열어 대세지염불원통의 “성품을 염함도 원래 생멸하

거늘 어떻게 원통을 얻을 것인가?"[22]하는 의문에 대해 대사께서는 《문초》 1권 「복복대범거사서復濮大凡居士書」에서 법문하시길,

"실제이체의 자리(實際理地)에는 바야흐로 생멸이 없는데 불씨문중에서 어찌 한 법도 생멸법이 아니겠는가?[23] 등각보살이 41품 무명을 깨뜨려 41분 비장祕藏을 증득하여도 또한 생멸의 바깥을 벗어나지 못한다. 이 생멸은 생사의 근본이고 또한 보리의 본체로 그 사람의 소용所用이 어떠한지 볼 뿐이다. 도섭육근都攝六根 정념상계淨念相繼는 저 진각을 등지고 객진과 계합하는 생멸로써 바꾸어 객진을 등지고 진각과 계합하는 생멸을 삼아서 불생불멸의 진여불성을 증득하길 기대함이다." 하셨습니다.

2. 대세지염불원통이 관세음이근원통만 못하다는 의혹을 결정함에 대해 인광대사께서는 《문초속편》 하권 「대불정수능엄경해서이공중독송서大佛頂首楞嚴經楷書以供衆讀誦序」에 법문하시길,

"이 경전(대불정수능엄경)은 아난 다문존자 및 사바세계 듣는 성품이 가장 예리한 근기를 대상으로 하는 까닭에 문수보살이 선택하였고 오직 관음보살을 취할 뿐이다.

그리고 정토염불법문은 시방삼세 일체중생의 근기에 널리

---

22) "(세간의) 제행이 무상하니 성품을 관하여 생각함도 원래 생멸을 따르고, 수행의 인因과 증득의 과果를 지금 다르게 감득感得하거늘 어떻게 원통을 얻을 수 있겠는가(諸行是無常 念性元生滅 因果今殊感 云何獲圓通)?" 《능엄경》

23) "실제이체의 자리에는 먼지 하나도 받아들이지 않지만, 불사의 문에서는 한 법도 버려서는 안 된다(實際理地 不受一塵 佛事門中不捨一法)." 《능엄경》

닿는 까닭에 미륵보살을 나열한 후 관세음보살 (이근원통) 앞에 두어 여러 근기에 널리 닿는다는 뜻을 은밀히 보인다. 그렇지 않으면 허공장보살 후, 미륵보살 앞에 나열하는 것이 마땅하다. 보통법문은 반드시 번뇌와 의혹을 다 끊어야 바야흐로 생사를 요탈할 수 있어 오직 상상근기 이근利根의 사람만이 현생에서 곧 요달한다.

만약 이러한 동등한 근성根性이 아니면 혹 2345생, 혹 2345겁, 혹 진사겁塵沙劫에 이르도록 육도에 윤회하는 사람이 너무나 많다! 그래서 계정혜의 자력에 의지해 탐진치의 번뇌와 혹업을 다 끊어야 하는 까닭에 어렵다. 하물며 때가 말법에 이르러 사람의 근기가 하열하고 수명이 짧으며, 선지식이 매우 드물고 마구니와 외도가 종횡무진 활약하여 바른 견해가 조금이라도 부족하면 곧 마구니의 그물에 떨어짐에랴!

오직 정토의 특별법문은 아미타부처님의 자비로운 서원에 의지하고 자신의 믿음 발원 억념憶念의 힘과 함께 하여 임종시에 부처님의 접인을 입어 서방극락정토에 왕생한다. 상상근인에게 속히 무생법인을 증득하게 하고 곧 하하근인도 또한 성류聖流에 참여하게 하니, 그 이롭게 함은 어떻게 말로 표현할 수 있겠는가! 이 뜻은 화엄경 말후 (보현십대원왕이) 귀종歸宗하는 한 수이니, 결코 광명명호로써 교화하기에 사람이 미천하여 이치에 맞지 않다고 말해서는 안 된다!

우리가 진실한 믿음과 간절한 발원을 갖추어 자식이 어머니를 잊지 않고 기억하듯이 모두 육근을 거두어 들여 정념을 이어가서 염하면 즉시 대세지보살의 염불원통, 즉 생각을 돌이켜 자성을 염하고(反念念自性 : 都攝六根 淨念相繼 ; 모든 육근을 거두어 들여 정념이 이어가고) 관세음보살의 이근원통, 즉 듣는 자기의 성품을 돌이켜 듣는(反聞聞自性[24] : 持名念佛 自念自聽 ; 지명염불로 자신이 염하고 자신이 듣는다) 이중의 공부로써 일심에 녹여 여래의 만덕홍명을 염할 수 있다.

오랫동안 염하면 곧 중생의 업식심業識心이 여래의 비밀장을 이루니, 이른바 과지果地의 진각을 인지因地의 마음으로 삼는 까닭에 인지에서 과지의 공덕바다를 갖추고, 과지에서 인지의 근원에 사무친다. 인연이 있어 정토법문을 만난 자는 소홀히 보아 넘기지 말지니! 이는 미진수 부처님의 한 길 열반문이거늘 하물며 나 말법의 사람이 어찌 감히 따르지 않겠는가." 하셨습니다. 이로 말미암아 대세지염불원통은 교판 상에서 정토특별법문에 속하고, 시방삼세 일체 중생의 근기에 널리 미쳐서 통도通途의 교리로써 평론할 수 없음을 알 수 있습니다.

---

24) 우리 염불인은 성불하여야 하고, 성불하려면 상相을 버리고 성性을 취하여 일체 법이 청정자성으로 회귀하여야 비로소 무상보리의 도입니다. 일상생활에서 육근이 육진에 마주할 때 바깥 반연과 망집으로 향해서는 안 되고 시시각각 듣는 자성으로 돌이켜 듣고, 관하는 자성으로 돌이켜 관하며, 염하는 자성으로 돌이켜 염하여야 합니다. 눈으로 보고 귀로 듣는 일체경계는 일체 모두 나의 숙업을 좇아 나타나는 것이고 인연으로 생긴 법으로 당체는 모두 공임을 알아야 합니다. 육근이 육진에 접촉할 때 모든 육근은 본래 공하고 육진은 실實이 아니며 일체 모두 연이 모이고 연이 흩어지는 환幻의 상相일 뿐입니다. 인연으로 생긴 법은 즉공卽空·즉가卽假·즉중卽中이 아님이 없습니다. 육근·육진·육식 십팔계가 이와 같아 자신의 염하는 주체인 마음과 염하는 대상인 부처님 명호도 즉공卽空·즉가卽假·즉중卽中입니다.

부록 2

인광대사 십념법十念法 적요摘要

십념기수법十念記數法

· 부처님 명호를 염할 때 만약 망념을 제지할 방법이 없으면 십념기수법을 배합하여 사용한다.

· 제1구에서 제10구까지 염불을 마친 후 이처럼 끊임없이 제1구에서 제10구까지 거듭 셈하고 20, 30 누계로 셈해서는 안된다.

· 매 구 부처님 명호를 염할 때 마음속으로 이는 몇 번째 구인지 또렷하게 염을 따라 기억하되, 염주를 굴리지 말고 단지 마음으로 기억할 뿐이다.

· 만약 10구까지 기억하기 어려우면 두 차례 나누어 기억하거나(1에서 5, 6에서 10), 혹은 세 번 나누어 기억하여(1에서 3, 4에서 6, 7에서 10) 또렷하게 염하고 또렷하게 들으며 또렷하게 기억하면 망념이 절로 생겨날 수가 없고 오랫동안 스스로 일심을 얻을 수 있다.

· 설사 하루 수만 번 염불할지라도 구마다 모두 이렇게 기억하면 망념을 제거할 수 있을 뿐만 아니라 신식神識을 기를 수 있다.

아침저녁 십념법

· 이는 매우 바쁜 사람을 위해 시설한 방법이다.

· 한 호흡이 다하도록 부처님 명호를 염한다. 몇 구를 염하든 상관없이 모두 일념으로 센다. 한 호흡을 염하면 충분하다. 많이 하면 기를 손상하여 병에 걸리기 쉽다.

· 아침저녁으로 중단하지 말고 각 열 번 호흡에 염한다. 매 구 부처님 명호마다 모두 또렷하게 염하고 또렷하게 들어야 한다.

· 마음으로 염하든 입으로 염하든 빨리 염하든 느리게 염하든 모두 됩니다. 어느 때라도 어느 곳에서든 모두 염할 수 있지만, 화장실과 침실에서는 소리내어 염하지 말아 공경심을 보인다.

· 염주를 써서 염불하여 몸은 수고롭고 정신은 움직이지만, 십념기수법을 쓰면 몸은 한가롭고 마음은 편안하여 이익이 가장 크다.

· 아마도 일을 볼 때는 수를 기억하기가 조금 더 어렵다. 이때는 간절히 염하기만 하면 된다. 일을 마친 후에 다시 돌아가 수를 기억하면 된다.

· 우리 말법중생은 근성이 비교적 둔하여 십념법을 버리고 육근을 거두어 머물러 정념을 이어나가는 염불원통법은 너무나 어렵고 어렵다.

작은 당부

지극한 정성 간절한 마음으로써 염불하면 저절로 일심을 얻을 수 있다. 망념이 흩날려 집중할 수 없으면 이근을 거두어서 부처님명호를 듣는데 집중하라. 입으로 염하든 마음으로 염하든 상관없이 부처님 명호가 비로소 마음에서 일어난다.

이렇게 또렷이 염하고 다시 귀에서 또렷하게 들어 마음으로 나아가면 망념은 저절로 불이 꺼지듯 사라질 것이다. 그리고 묵념할 때는 마음으로 염하는 중에 반드시 입으로 염하는 상이 있어야 한다.

_《문초청화록》 수지방법을 보임, 십념기수법十念記數法

부록 3

마음을 거두는 염불법(攝心念佛)

정공 큰스님

어떻게 마음을 거두어 들여 득력得力할 것인가? 염불할 때 염불기에서 나는 소리를 듣는다. 잡념은 모두 소리(聲塵)를 따라 들어온다. 그래서 염불할 때 대중을 따라 함께 수행하든 염불기를 켜서 하든 상관없이 열심히 자신의 염불소리를 경청한다. 마음으로 염불하던 입으로 염불하던 모두 한 글자 한 글자 또렷하게 염불하고 듣는다. 아~미~타~불~ 이처럼 소리를 내뽑지 말고, 음률을 넣어 염불하지 말라. 연속해서 멈추지 말고, 아! 미! 타! 불! 한 글자 한 글자 사이에 잠시 멈추면 글자 글자가 분명해진다. 자신의 염불소리를 또렷하게 들을 수 있고, 망념이 저절로 그친다. 매우 쉽게 육근을 거두는 효과에 도달할 수 있다! 이 같은 염불방법은 처음 염불하는 사람과 망념이 많은 사람에게 매우 큰 도움이 된다!

염불할 때 이마나 가슴에 집중하지 말라. 그러면 쉽게 병이 난다. 코끝 및 입술 전방에 주의력을 집중하고, 눈은 반쯤 감거나 완전히 감는다. 자신에게 잘 맞는다고 느껴지는 것이 좋다!

왜 소리를 내뱉아서는 안 되는가? 소리를 내지 않고 염불할 때 만약 소리를 끌면 부처님 명호소리가 또렷하게 들리지 않고 머리가 어지럽기 쉽다! 이렇게 한 자 한 자 염하는 법은 득력할 때 염불소리가 귀 쪽에서 끊임없이 일어나고 이런 경계에 도달하면 소리를 내지 않아도 자신의 염불소리를 고요히 듣는다. 임종시 조념助念하는 사람이 없다고 할지라도 자신의 이 한마디 부처님 명호에 의지해서 왕생할 수 있다. 그러나 염불하는 사람은 절대로 애써 이 경계를 추구하지 않는다! 오직 착실하게 염불하면 저절로 은밀히 오묘한 도에 계합하여 반드시 왕생할 자격이 생긴다.

도서출판 비움과소통의 정토불서들

도서출판 비움과소통의 정토불서들

능엄경 염불원통장소초 대의강기

1판 1쇄 펴낸 날 2019년 6월 26일

집문 관정대사 **강설** 정공스님 **편역** 도영스님
발행인 김재경 **편집** 허만항 **디자인** 김성우 **마케팅** 권태형 **제작** 경희정보인쇄
펴낸곳 도서출판 비움과소통(blog.daum.net/kudoyukjung)
경기 파주시 하우고개길 151-17 예일아트빌 3동 102호
전화 031-945-8739 팩스 0505-115-2068
이메일 buddhapia5@daum.net

ISBN 979-11-6016-053-6 93150

* 전법을 위한 법보시용 불서는 저렴하게 보급 또는 제작해 드립니다.
다량 주문시에는 표지 · 본문 등에 원하시는 문구(文句)를 넣어드립니다.